SCHRIFTENREIHE ZUR MATHEMATIK

BEGRÜNDET VON
PROF. DR. FRIEDRICH DRENCKHAHN
UND DR. RICHARD STENDER

HERAUSGEGEBEN VON
OTTO BOTSCH

Die ersten Elemente der modernen Mathematik

VON GEORGES PAPY

DIESTERWEG SALLE
Frankfurt am Main · Berlin · München

Der Titel der Originalschrift lautet
«*Premiers éléments de mathématique moderne*».
Dr. Georges Papy ist Professor an der Universität Brüssel.

Die Übersetzung besorgte Oberstudienrat Jörn Bruhn, Elmshorn.

ISBN 3-425-05309-4

1. Auflage 1971
(Neubearbeitung und Erweiterung der bisherigen Ausgabe in zwei Bänden)

Verlag Moritz Diesterweg, Otto Salle Verlag, Frankfurt am Main
Alle Rechte vorbehalten. Die Vervielfältigung auch einzelner Teile, Texte oder
Bilder – auch wenn sie lediglich der eigenen Unterrichtsgestaltung dient –
gestattet das Urheberrecht nur dann, wenn sie mit dem Verlag vorher
vereinbart wurde.

Satz und Druck: Universitätsdruckerei Mainz GmbH
Bindearbeiten: Adolf Hiort, Wiesbaden
Zeichnungen: Gottfried Wustmann, Mötzingen

Inhaltsverzeichnis

Vorwort des Übersetzers

I. Mengen und Operationen mit Mengen
1. Die Idee der Menge 1
2. Zugehörigkeit 2
3. Terme, Gleichheit 2
4. Das Zeichen für Zugehörigkeit 2
5. Die Elemente einer Menge 3
6. Gleichheit von Mengen 4
7. Phantasiemengen 4
8. Definition durch eine charakteristische Eigenschaft 4
9. Mengen, die nur ein Element enthalten 5
10. Diagramme – Durchschnitt, Enthaltensein 6
11. Vereinigung und Differenz zweier Mengen 8
12. Zusammenfassung 9
13. Bezeichnungen 10
14. Aufgaben 10

II. Einteilungen unserer Klasse
1. Klasseneinteilungen 12
2. Definitionen 15
3. Aufgaben 15

III. Ebene Geometrie
1. Eine Frage 16
2. Die Ebene 16
3. Geraden und Punkte 18
4. Durchschnitt von Geraden 19
5. Aufgaben und Bemerkungen 23
6. Definitionen 25

IV. Algebra der Teilmengen einer Menge
1. Die Teilmengen einer Menge 27
2. Eigenschaften der Teilmengenbeziehung 28
3. Verknüpfungen 29
4. Aufgaben 33

V. Relationen
1. Die Kennzeichnung einer Relation 36
2. Produkt von zwei Mengen 37
3. Relation und Produktmenge 38
4. Zusammenfassung und Ergänzungen 40
5. Reziproke Relation 40
6. Relation in einer Menge 40

    7. Beispiele und Aufgaben 40
    8. Von der Relation zur Funktion 43
    9. Funktionen 44
   10. Beispiele für Funktionen 45

VI. Die Gerade und die reellen Zahlen

    1. Die angeordnete Gerade 46
    2. Abgeschlossene und offene Halbgeraden 47
    3. Abgeschlossene, offene und halboffene Intervalle 48
    4. Die ganzen Zahlen 49
    5. Dezimale Unterteilungen 50
    6. Zusammenfassung 51

VII. Ebene analytische Geometrie

    1. Koordinaten 54
    2. Spiegelungen an der ersten Symmetralen 58
    3. Spiegelungen an der x-Achse 59
    4. Zusammengesetzte Spiegelungen 62
    5. Aufgaben 67
    6. Anmerkungen 68
    7. Aufgaben 70

VIII. Relationen und Graphen

    1. Paar von zwei Dingen 73
    2. Ring 73
    3. Reziprokes Paar 73
    4. Graph von Relationen 74

IX. Operationen und Verknüpfungen von Relationen

    1. Mengenoperationen mit Relationen 78
    2. Verknüpfung von Relationen 79
    3. Reziproke Relation 81

X. Eigenschaften von Relationen

    1. Reflexivität 82
    2. Symmetrie 83
    3. Transitivität 84
    4. Asymmetrie 86
    5. Äquivalenzrelation 87
    6. Klasseneinteilung 87
    7. Ordnung 89

XI. Abbildungen

    1. Abbildung einer Menge ganz in sich (Transformation) 92
    2. Verknüpfung $s \circ t$ 92

3. Fixpunkte 93
4. Abbildung einer Menge auf sich (Permutationen) 94
5. Permutàtionen einer endlichen Menge 97
6. Funktionen 99
7. Surjektionen – Injektionen – Bijektionen 100
8. Kardinalzahl 102
9. Verknüpfung von Funktionen 103
10. Satz von Bernstein 104

XII. Die projektive Ebene
1. Parallelität im Raum 110
2. Geradenbündel 111
3. Geradenbüschel 112
4. Projektive Ebene 115
5. Antipodische Paare einer Kugelfläche 116
6. Topologie des projektiven Raumes 119
7. Einseitigkeit des Möbius-Bandes und der projektiven Ebene 124
8. Einige topologische Betrachtungen 126
9. Gewöhnliche Ebene und projektive Ebene, unendlich ferne Elemente 128

Verzeichnis der Symbole 136

Sachverzeichnis 137

Vorwort des Übersetzers

Die beiden Hefte von Prof. Papy „Die ersten Elemente der modernen Mathematik", die vor acht Jahren in deutscher Sprache erschienen, haben stark dazu beigetragen, der neuen Mathematik den Weg in die Schulen zu öffnen. Dennoch ist die Bedeutung dieser Hefte nicht zurückgegangen, denn sie können Kollegen an Gymnasien, die nur eine kleine Fakultas für Mathematik haben, auf eine exakte und unterhaltsame Weise zeigen, wo Mengen, Relationen, Graphen usw. Verwendung finden. Sie können auch den Kollegen von der Volksschule eine Hilfe geben, denn nach den Empfehlungen und Richtlinien der Kultusministerkonferenz zur Modernisierung des Mathematikunterrichts, die spätestens mit Schuljahrsbeginn 1972/73 verbindlich werden, beginnt die moderne Mathematik schon in der ersten Klasse. Durch das Vordringen der „new math" ist das Interesse der Eltern an neuer Mathematik größer geworden. Die Beispiele von Papy sind kindgerecht und sprechen auch Erwachsene an, denn die Hefte wurden ursprünglich für Kindergärtnerinnen geschrieben.

Mit der 1. Auflage der Neubearbeitung erscheinen die beiden Hefte als einbändige Ausgabe, so daß der Leser in handlicher Form eine vollständigere Information erhält, die noch durch ein ausführliches Sachverzeichnis ergänzt wird. Durch eine Umstellung des Kapitels über Geometrie wird die Lesbarkeit erhöht. Die Symbolik wurde dem jetzt üblichen Gebrauch angepaßt, so daß Papys „Die ersten Elemente der modernen Mathematik" besser als bisher neben den deutschen Schulbüchern benutzt werden kann.

Um die Deutlichkeit und Verständlichkeit zu erhöhen, sind viele Abbildungen farbig wiedergegeben. Wie in der vorigen Auflage befinden sich die Farbabbildungen in einem eingelegten Heft am Schluß des Buches. Der Verlag mußte diesen Ausweg gehen, um das Buch preisgünstig zu gestalten. Wir bitten dafür Verständnis zu haben.

Elmshorn, im Herbst 1970 　　　　　　　　　　　　　　　　　　　　Jörn Bruhn

I. Mengen und Operationen mit Mengen

1. Die Idee der Menge

Die Idee der Menge ist allgemein bekannt. Sie wird in verschiedenen Abstufungen durch die folgenden Wörter hervorgerufen: Klasse, Menge, Gruppe, Versammlung, Truppe, Mannschaft, Familie, Herde, Schar, Gemeinschaft.

Übung: Nennt andere Wörter, bei denen man an eine Menge denkt!

Beispiele:

- *B*1 Die Menge von zwei Stücken, die durch eine Hose und eine Jacke gebildet wird.
- *B*2 Ein Bienenschwarm.
- *B*3 Ein Trupp Soldaten.
- *B*4 Eine Klasse von Schülern.
- *B*5 Ein Paar Schuhe.
- *B*6 Eine Herde Schafe.
- *B*7 Ein Geschwader von Flugzeugen.
- *B*8 Die Menge der Klassenräume einer Schule.
- *B*9 Die Menge der Tische in der Klasse.
- *B*10 Die Menge der Beine der Tische in der Klasse.
- *B*11 Die Menge der Ziffern *0, 1, 2, 3, 4, 5, 6, 7, 8, 9*.
- *B*12 Die Menge der Buchstaben eines Namens.
- *B*13 Ein Bund Wurzeln (Menge von Wurzeln).
- *B*14 Eine Menge von Wurzelbunden.
- *B*15 Ein Strauß Blumen (Menge von Blumen).
- *B*16 Die Menge der Blätter eines Heftes.
- *B*17 Die Menge der Wagen eines Eisenbahnzuges.
- *B*18 Die Menge der Tische und der Beine der Tische in der Klasse.
- *B*19 Die Menge der Vornamen der Schüler unserer Klasse.
- *B*20 Die Menge der Schüler unserer Klasse.

A 1. Eine Menge ist bestimmt, wenn man weiß, welche Dinge sie enthält.

Das Wort „Ding" wird hier in einem sehr weiten Sinne benutzt. Im Beispiel *B*1 sind die Jacke und die Hose die Dinge, im Beispiel *B*2 sind die Bienen die Dinge, im Beispiel *B*12 ist jeder Buchstabe ein Ding, im Beispiel *B*13 sind die Wurzeln Dinge und im Beispiel *B*14 sind die Wurzelbunde Dinge. Dieses letzte Beispiel zeigt, daß wir auch Mengen als Dinge betrachten können.

A 2. Jede Menge ist ein Ding.

2. Zugehörigkeit

Im Beispiel *B2* sagen wir, daß jede Biene zum Schwarm gehört. In der Umgangssprache heißt es, daß „Herr Schulze dieser oder jener politischen Partei angehört".

Allgemeiner sagen wir, daß ein Gegenstand einer Menge zu dieser Menge gehört, und umgekehrt, daß die Menge jeden der Gegenstände, die sie bilden, enthält. Dieses ist noch in Übereinstimmung mit der Umgangssprache.

Übung: „Wie viele Mitglieder enthält eure Familie?"

Beispiel: „Der *1961* gewählte Bundestag der Bundesrepublik Deutschland hat *521* Mitglieder."

3. Terme, Gleichheit

In der Mathematik werden die Gegenstände häufig durch Terme oder Ausdrücke dargestellt, die Zeichen oder Zusammenfügungen von Zeichen sind. So sind

$$2, \quad 27, \quad 9 \cdot 3, \quad 54:2, \quad 6+6, \quad 2+3-5+4, \quad \tfrac{1}{2}$$

Terme, die die folgenden Gegenstände bezeichnen:

„die Zahl zwei" „die Zahl zwölf"
„die Zahl siebenundzwanzig" „die Zahl vier"
„die Zahl siebenundzwanzig" „die Zahl einhalb"
„die Zahl siebenundzwanzig"

Wenn zwei Zeichen denselben Gegenstand bezeichnen, sagt man, daß sie gleich sind, und man kennzeichnet diese Tatsache durch das Zeichen = auf wohlbekannte Weise:

$$27 = 9 \cdot 3$$
$$54:2 = 9 \cdot 3.$$

Im entgegengesetzten Fall verwendet man das Zeichen $\neq$. Also:

$$2 \neq 54:2$$
$$27 \neq 2+3-5+4$$
$$6+6 \neq \tfrac{1}{2}.$$

4. Das Zeichen für Zugehörigkeit

Nehmen wir an, daß a einen Gegenstand und M eine Menge bezeichnen. Wenn der Gegenstand a der Menge M angehört, schreibt man

$$a \in M. \qquad (1)$$

Im entgegengesetzten Fall hat man

$$a \notin M. \qquad (2)$$

So schreiben wir, wenn wir unsere Klasse mit K bezeichnen und unseren Mitschüler Peter mit p

$$p \in K. \qquad (3)$$

Wenn wir den Gegenstand „Gerda Meyer" mit g bezeichnen, so müssen wir schreiben (in unserer Klasse sind nur Jungen):

$$g \notin K. \tag{4}$$

Statt (1), (2), (3) und (4) kann man auch entsprechend schreiben:

$M \ni a$ (lies: M enthält a)
$M \not\ni a$ (lies: M enthält a nicht)
$K \ni p$ (lies: K umfaßt p, oder unsere Klasse enthält Peter)
$K \not\ni g$ (lies: die Menge K enthält den Gegenstand g nicht).

A 3. Wenn M eine Menge ist, gibt es für jeden Gegenstand x eine und nur eine Möglichkeit: $x \in M$ oder $x \notin M$.

Die Mengen sind Mengen von Dingen, die Symbole $a, p, g \ldots$ dienen nur zur Kennzeichnung der Gegenstände. Wir nehmen an, daß x einen Gegenstand, daß y einen Gegenstand und daß M eine Menge bezeichnen. Wir nehmen außerdem an, daß $x = y$. Dies bedeutet, daß x und y denselben Gegenstand bezeichnen. Wenn wir wissen, daß $x \in M$, so wissen wir auch noch, daß $y \in M$, da y denselben Gegenstand bezeichnet wie x. Die Aussagen $x \in M$ und $y \in M$ bezeichnen genau denselben Fall. Sie sind äquivalent. Diese Tatsache zeigt man kurz durch das Zeichen $\Leftrightarrow$ an. Wir schreiben also:

$$\text{Wenn } x = y, \text{ dann } x \in M \Leftrightarrow y \in M.$$

Es gilt auch: $a \in A \Leftrightarrow A \ni a$.

5. Die Elemente einer Menge

Betrachten wir genauer, welche Gegenstände zu den Mengen gehören, die wir oben betrachtet haben. Man sagt von diesen Gegenständen, daß sie die **Elemente** der entsprechenden Mengen sind.

Beispiele: Im Beispiel $B1$ sind eine ganz bestimmte Hose und eine ganz bestimmte Jacke die einzigen Gegenstände der Menge. Selbst wenn ein Knopf an die Jacke genäht ist, ist er nicht Element der Menge. Im Beispiel $B2$ sind die Flügel der Bienen nicht Elemente des Schwarms. Im Beispiel $B9$ sind die Tischbeine nicht Elemente der Menge. Im Beispiel $B10$ sind die Tische nicht Elemente der Menge. Im Beispiel $B18$ sind die Tische unserer Klasse und ihre Beine die einzigen Elemente der Menge.

Peter ist ein Schüler unserer Klasse. Er gehört also zur Menge des Beispiels $B20$. Zum Abwischen der Tafel hat er uns einen Schwamm geliehen, der ihm g e h ö r t. Dieser Schwamm gehört nicht zur betrachteten Menge. Nur die Schüler unserer Klasse gehören zu dieser Menge. Sie sind die einzigen Elemente der Menge. Wir haben das Wort g e h ö r t gesperrt gedruckt in einem Satz, in dem es in einem anderen Sinn verwendet wird als in den anderen Beispielen dieses Kapitels. Wenn man schreibt, daß „ein Schwamm Peter gehört", will man sagen, daß er **Peters Eigentum** ist. Wenn wir sagen, daß die Blume b zum Strauß S gehört (geschrieben $b \in S$), so denken wir nicht an Eigentum. Man will nur sagen, daß b eine der Blumen des Straußes ist!

6. Gleichheit von Mengen

Wenden wir nun auf Mengen an, was wir von der Gleichheit in § 3 gesagt haben. Wir nehmen an, daß A eine Menge bezeichnet und daß B eine Menge bezeichnet. Wann werden wir sagen $A = B$? Dann und nur dann, wenn A und B dieselbe Menge bezeichnen, d. h. dann und nur dann, wenn dieselben Dinge zu A und zu B gehören. Dies ist genau dann der Fall, wenn für **jedes Element** t die Aussagen $t \in A$ und $t \in B$ **äquivalent** (gleichwertig) sind.

Anders gesagt: $A = B$ dann und nur dann, wenn für alle Elemente t gilt: $t \in A \Leftrightarrow t \in B$.

Noch kürzer können wir schreiben:

$$A = B \Leftrightarrow (\text{für alle Elemente } t \text{ gilt: } t \in A \Leftrightarrow t \in B).$$

7. Bilden wir Phantasiemengen!

Wir haben eine Menge M festgelegt, wenn für jeden Gegenstand t erklärt ist, ob er zur Menge M gehört ($t \in M$) oder nicht ($t \notin M$).

Dies kann geschehen, indem man ihre Elemente aufzählt. Man nennt es eine **Definition durch Aufzählung**. Wir können also eine beliebige Menge bilden, indem wir Gegenstände aneinanderfügen, wie es unserer Phantasie gefällt.

Beispiele:

B21 $H = \{$Gerda Meyer, Paul Schmidt, Karl Lehmann$\}$
B22 $A = \{$ein Polizist, eine Senfgurke, eine Messerspitze Salz$\}$

Die Schreibweise ist ohne weiteres einleuchtend.

8. Definition durch eine charakteristische Eigenschaft

Man legt häufig eine Menge fest, indem man eine **charakteristische Eigenschaft** ihrer Elemente anführt, d. h. eine Eigenschaft, die alle ihre Elemente besitzen und die nur sie allein besitzen.

Beispiel:

B23 Die Menge C der Schüler unserer Klasse, die Brillen tragen.

Die Eigenschaft ist hier: „Schüler unserer Klasse sein und eine Brille tragen". Man nennt es eine **Definition durch Beschreibung**.

Es ist wichtig, vorsichtig zu sein und unklare Eigenschaften zu vermeiden. Hierzu ein *Beispiel:*

Zwei unserer Mitschüler – einer mit dunkelbraunen und ein anderer mit hellblauen Augen – sind beauftragt worden, unabhängig voneinander die Mitschüler zu bestimmen, die nach ihrer Ansicht blaue Augen haben. Der erste unserer Kameraden hat zehn Schüler mit blauen Augen gefunden, der zweite jedoch nur drei.

Die gewählte Eigenschaft war subjektiver Natur – sie hängt von der Augenfarbe desjenigen ab, der die Zählung ausführt – und kennzeichnet die Menge nicht im mathematischen Sinne.

9. Mengen, die nur ein Element enthalten

Alle Schüler unserer Schule müssen an einem und nur einem einzigen der folgenden Kurse teilnehmen: Weltanschauung, katholische oder protestantische Religion. Alle Schüler haben einen Zettel mitgebracht, den der Erziehungsberechtigte abgezeichnet hat und auf dem die getroffene Wahl angegeben ist. Alle Zettel sind abgegeben worden. Das Sekretariat der Schule kann also sagen, welches die Schüler jeder Klasse sind, die an dem einen oder anderen Kursus teilnehmen.

Beispiel:

B24 Wir sehen uns unsere Klasse an und wählen die folgenden Bezeichnungen:

$W =$ Menge der Schüler unserer Klasse, die am Kursus für Weltanschauung teilnehmen.

$C =$ Menge derjenigen Schüler unserer Klasse, die am katholischen Religionsunterricht teilnehmen.

$P =$ Menge derjenigen Schüler unserer Klasse, die am protestantischen Religionsunterricht teilnehmen.

W, C und P sind Mengen. Wir stellen fest, daß es in unserer Klasse genau einen Schüler gibt, der am protestantischen Unterricht teilnimmt. Wir geben also zu, daß eine Menge auch aus nur einem Element bestehen kann. Wenn dieser Schüler mit x bezeichnet wird, so wird man schreiben $P = \{x\}$.

A 4a. Für jeden Gegenstand x gibt es eine Menge, die diesen Gegenstand als einziges Element enthält. Diese Menge wird mit $\{x\}$ bezeichnet.

A 4b. Wenn a, b Gegenstände sind, gibt es eine und nur eine Menge, die a und b als einzige Elemente enthält. Man schreibt $\{a, b\}$.

Beispiel:

B25 Jetzt betrachten wir unsere Nachbarklasse:

$W' =$ die Menge derjenigen Schüler unserer Nachbarklasse, die am Weltanschauungsunterricht teilnehmen.

$C' =$ die Menge der Schüler unserer Nachbarklasse, die am katholischen Religionsunterricht teilnehmen.

$P' =$ die Menge der Schüler unserer Nachbarklasse, die am protestantischen Religionsunterricht teilnehmen.

Man will ebenso sagen können, daß W', C' und P' Mengen sind, obwohl wir erfahren haben, daß in dieser Klasse kein Schüler am protestantischen Religionsunterricht teilnimmt. Man sagt daher weiterhin, daß P' eine Menge ist; aber man sagt genauer, daß die Menge P' leer ist.

Wenn U eine leere Menge bezeichnet und wenn V eine leere Menge bezeichnet, ist natürlich $U = V$. Denn es gilt für alle Elemente t

$$t \notin V \Leftrightarrow t \notin U,$$

da weder $t \in U$ noch $t \in V$ gelten kann.

Dies wollen wir noch etwas anschaulicher erläutern. A sei eine Menge, und B sei eine Menge. Es gilt $A = B$ dann und nur dann, wenn jedes Element, das zu A gehört, auch zu B gehört, und umgekehrt ist jedes Element, das zu B gehört, auch Element von A. Da kein Element zu V und zu U gehört, ist die obige Bedingung erfüllt und $U = V$.

A 5. Es gibt eine und nur eine leere Menge. Man bezeichnet sie mit $\emptyset$. Sie wird definiert durch: Für jeden Gegenstand t: $t \notin \emptyset$.

10. Diagramme – Durchschnitt, Teilmenge

Die Schüler haben die folgende Menge konstruiert:

B26 $M = \{$die Wandtafel, ein Teller, unser Mitschüler Rolf$\}$.

Bezeichnen wir die Wandtafel mit w, den Teller mit t und Rolf mit r, so gilt $M = \{w, t, r\}$.

Es ist $w \in M$, $t \in M$ und $r \in M$, wobei $t \neq w \neq r \neq t$.

Außerdem gilt noch

$$M = \{t, w, r\} = \{r, t, w\} = \{r, w, t\} = \{w, r, t\} = \{t, r, w\}.$$

Um zu betonen, daß wir aus drei Gegenständen eine Menge gemacht hatten, haben wir sie mit einer zusammengeknoteten Schnur umgeben. Diese Methode wird häufig verwendet, um die Mengen schematisch darzustellen. Man versucht weder, diese Gegenstände darzustellen, noch ihre Lage genau anzugeben; man beschränkt sich darauf, die Schnur zu zeichnen (Abb. 1a). Diagramme dieser Art werden Euler- oder Venn-Diagramme genannt.

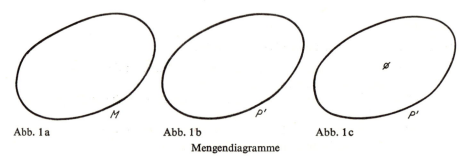

Abb. 1a   Abb. 1b   Abb. 1c

Mengendiagramme

Kehren wir zum Beispiel B25 zurück. Die Menge P' konnte unter allen Umständen dargestellt werden durch das Schema in Abb. 1b.

Nachdem wir erfahren haben, daß P' leer ist, kann man diese Tatsache wie in Abb. 1c wiedergeben.

B27 Die Schüler unserer Klasse sitzen an ihren Tischen. Wir haben die Menge der Schüler, die am großen Tisch sitzen, T genannt. Wir haben die Menge der Schüler, die am kleinen Tisch sitzen, N genannt. Außerdem haben wir mit B die Menge der Schüler unserer Klasse bezeichnet, die eine Brille tragen.

Man versucht, Schemata zu zeichnen, um diese Situation darzustellen. Beschäftigen wir uns zuerst mit N und T. Sofort haben wir das Diagramm gezeichnet (Abb. 2).

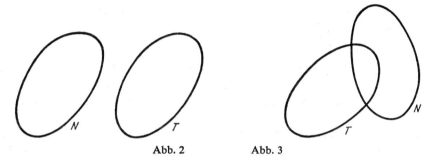

Abb. 2   Abb. 3

Ist das Schema Abb. 3 vollkommen falsch? Nein! Wir fügen nur die Bedingung hinzu, daß kein Element gleichzeitig Element von N und T ist, wie es in der unten angegebenen Zeichnung durch Ø angegeben ist (Abb. 4, s. Anhang).

Abb. 4   Abb. 5

Die Abbildungen 2 und 4 geben genau dieselben Auskünfte, aber Abb. 2 ist klarer und daher vorzuziehen. Gehen wir von diesem Diagramm aus und „zeichnen" auch noch die Menge B (Abb. 5).

Da jedes Element von B entweder zu T oder zu N gehört, kann man also genauer sagen (Abb. 6):

Abb. 6   Abb. 7

Noch anschaulicher kann man den Sachverhalt durch die Abbildung 7 darstellen.

Als Übung zeichnen wir B, T, N als ineinander übergreifende Kreise und tragen Ø so ein, daß das Diagramm schließlich die gleichen Auskünfte wie Abb. 7 liefert (Abb. 8).

Abb. 8   Abb. 9

Schraffiert in Abb. 7 die Menge der Schüler des großen Tisches, die Brillen tragen (Abb. 9)!

Man sagt, daß diese Menge der *Durchschnitt* von T und B ist, und man schreibt dafür T ∩ B.

A 6. Der Durchschnitt der Mengen A und B bezeichnet die Menge derjenigen Elemente, die zu A und zugleich zu B gehören (Abb. 10).

Man schreibt
$$A \cap B = \{t \mid t \in A \text{ und } t \in B\},$$
und liest

„... ist die Menge der Gegenstände t, die in A und auch in B enthalten sind."

Abb. 10. Durchschnitt von Mengen

Entsprechend ist $N \cap B$ die Menge der Schüler des kleinen Tisches, die Brillen tragen. Aber wenn wir uns die Klasse ansehen, stellen wir fest, daß kein Schüler des kleinen Tisches eine Brille trägt. Also $N \cap B = \emptyset$. Man sagt, die Mengen N und B sind *disjunkt* oder elementfremd. Tragen wir diesen Sachverhalt in unsere Abb. 7 ein, so erhalten wir (Abb. 11):

Abb. 11.   Abb. 12. Die Mengen N und B sind *disjunkt*

Aufgrund dieser Tatsachen können wir ein Schema aufstellen (Abb. 12), das übersichtlicher ist als Abb. 11. Man sieht also, daß B in T „enthalten" ist. Damit will man sagen. daß jedes Element von B zu T gehört. Es ist B *Teilmenge* von T.

A 7. Man sagt, daß A Teilmenge von B ist, dann und nur dann, wenn jedes Element von A zu B gehört. Man kennzeichnet diese Tatsache, indem man schreibt:

$$A \subset B \quad \text{oder} \quad B \supset A.$$

In diesem Fall erhält man das Schema der Abbildung 13.

Abb. 13. $A \subset B$

Wenn die Mengen A und B zuerst durch irgendwelche ineinander übergreifende Ringe dargestellt sind (Abb. 14) und wenn man später bemerkt, daß $A \subset B$, wird man durch Beifügung eines $\emptyset$ die Abb. 14 so gestalten können, daß sie äquivalent zu Abb. 13 ist (Abb. 15).

Abb. 14   Abb. 15

11. Vereinigung und Differenz zweier Mengen

A und B seien irgendwelche Mengen (Abb. 16). In diesem Schema kann man neue Mengen hervorheben, von denen jede durch die Mengen A, B bestimmt ist (Abb. 17).

Abb. 16

Abb. 17

Die erste dieser Mengen ist uns schon bekannt: der *Durchschnitt* $A \cap B$ der Mengen A und B (s. Abb. 17a). Das ist die Menge der Gegenstände, die gleichzeitig zu A und B gehören. Man schreibt dies folgendermaßen:

$$A \cap B = \{t \mid t \in A \quad und \quad t \in B\}.$$

A 8. Die Menge $A \cup B$ wird die Vereinigung von A und B genannt. Sie ist also die Menge der Elemente, die mindestens einer der Mengen A, B angehören. Man schreibt

$$A \cup B = \{t \mid t \in A \quad \text{oder} \quad t \in B\}.$$

Man wird bemerken, daß $t \in A$ oder $t \in B$ bedeutet, daß mindestens eine der Beziehungen $t \in A$, $t \in B$ wahr ist (s. Abb. 17b).

Die Menge $A \setminus B$, gelesen A ohne B, bezeichnet man als *Differenzmenge* oder *Restmenge* (s. Abb. 17c). Sie ist die Menge der Elemente von A, die nicht zu B gehören. Man schreibt:

$$A \setminus B = \{t \mid t \in A \quad \text{und} \quad t \notin B\}.$$

Ebenso ist $B \setminus A$ (B ohne A) die Menge der Elemente von B, die nicht zu A gehören (s. Abb. 17d).

$$B \setminus A = \{t \mid t \in B; \; t \notin A\}.$$

Es gilt:

$$A \cap B \subset A \subset A \cup B$$
$$A \cap B \subset B \subset A \cup B$$
$$A \setminus B \subset A, \quad B \setminus A \subset B$$
$$(A \setminus B) \cap B = \emptyset, \quad (B \setminus A) \cap A = \emptyset$$
$$(A \setminus B) \cup (B \setminus A) = (A \cup B) \setminus (A \cap B) \subset A \cup B$$
$$(A \setminus B) \cap (B \setminus A) = \emptyset.$$

Übung: Prüfe diese Aussagen!

12. Zusammenfassung

In der Mathematik bezeichnet man die Gegenstände durch Terme. Wenn die Terme a und b denselben Gegenstand bezeichnen, sagt man, daß sie gleich sind, und man schreibt $a = b$; im entgegengesetzten Fall (a verschieden von b) schreibt man $a \neq b$.

A 1. Eine Menge ist bestimmt, wenn man weiß, welche Elemente sie enthält. A und B seien Mengen. Es gilt $A = B$ dann und nur dann, wenn für jedes Element: $t \in A \leftrightarrow t \in B$.

A 2. Jede Menge ist ein Ding.

A 3. Wenn M eine Menge ist, so gibt es für jeden Gegenstand x eine und nur eine Möglichkeit: $x \in M$ oder $x \notin M$.
Wenn $x = y$, dann gilt $x \in M \leftrightarrow y \in M$.

A 4a. Für jeden Gegenstand x gibt es eine Menge, die diesen Gegenstand als einziges Element enthält. Diese Menge wird durch $\{x\}$ bezeichnet.

A 4b. Wenn a, b Gegenstände sind, gibt es eine und nur eine Menge, die a und b als einzige Elemente enthält. Man schreibt $\{a, b\}$.

A 5. Es gibt eine und nur eine leere Menge. Man kennzeichnet sie durch $\emptyset$. Sie ist definiert durch: Für jeden Gegenstand t gilt $t \notin \emptyset$.

A 6. Als Durchschnitt der Mengen A und B bezeichnet man die Menge der Elemente, die zugleich zu A und B gehören (Bezeichnung $A \cap B$).

A 7. Man sagt, daß A in B enthalten ist oder daß A Teilmenge von B ist, dann und nur dann, wenn jedes Element von A zu B gehört. Man schreibt in diesem Fall $A \subset B$ oder $B \supset A$.

A 8. Als Vereinigung der Mengen A und B bezeichnet man die Menge der Gegenstände, die mindestens zu einer der Mengen A oder B gehören (Bezeichnung $A \cup B$).

13. Bezeichnungen

$a = b$	a gleich b
$a \in M$	das Element a gehört zur Menge M
$a \notin M$	a gehört nicht zu M
$M \ni a$	die Menge M enthält das Element a
$M \not\ni a$	M enthält das Element a nicht
$\leftrightarrow$	dann und nur dann, wenn
$\{x\}$	die Menge mit dem einzigen Element x
$\{x, y\}$	die Menge wird gebildet durch die Elemente x und y
$\emptyset$	die leere Menge
$A \cap B$	Durchschnitt der Mengen A und B
$A \subset B$	A ist in B enthalten, A ist Teilmenge von B
$A \supset B$	A enthält B oder A ist Obermenge von B
$A \cup B$	Vereinigung von A und B
$A \setminus B$	A ohne B
$B \setminus A$	B ohne A
$A \cap B = \{t \mid t \in A \text{ und } t \in B\}$	
$A \cup B = \{t \mid t \in A \text{ oder } t \in B\}$	
$A \setminus B = \{t \mid t \in A \text{ und } t \notin B\}$	

14. Aufgaben

1. Nennt zahlreiche Beispiele für Mengen!
2. Nennt mehrere Terme, die den Gegenstand „die Zahl achtundzwanzig" darstellen.
3. Man hat $\{\text{Peter, Gerda}\} = \{\text{Gerda, Peter}\} = \{\text{Peter, Gerda, Gerda, Peter}\}$.
4. Stimmt es, daß der Satz „Die Schüler unserer Klasse, die schwarzes Haar haben" ausreicht, eine Menge zu definieren?
5. $\{0, 1, 2, 3\} \cap \{0, 1, 2\} = ?$

6. Es seien
$$A = \{1, 2, 3, 4, 5, 6, 7, 8, 9, 10\}$$
$$B = \{1, 3, 5, 7, 9\}$$
$$C = \{2, 5, 7, 9, 10\}$$
$$D = \{2, 6, 8, 10\}.$$

Bestimmt:

$A \cap A, \quad A \cap B, \quad A \cap C, \quad A \cap D, \quad D \cap A, \quad C \cap A, \quad B \cap A.$
$A \cap B \cap C, \quad B \cap C \cap D, \quad A \cap B \cap C \cap D.$

7. A sei eine Menge. Berechnet:

$$A \cap A$$
$$A \cap A \cap A \cap A \cap A$$
$$A \cap \emptyset$$
$$\emptyset \cap A$$
$$\emptyset \cap A \cap \emptyset$$
$$\emptyset \cap \emptyset.$$

8. Nennt Teilmengen der Menge der Schüler unserer Klasse.

9. Beantwortet dieselbe Frage für die Menge
$$\{1, 2, 5, 100, 200, 999\}.$$

10. Nehmen wir an $a \neq b$. Welche Mengen sind in $\{a, b\}$ enthalten?

11. Es seien a, b, c Gegenstände, von denen jeweils zwei verschieden sind. Welche Teilmengen hat $\{a, b, c\}$?

12. A und B seien Mengen. Es gilt:
$$A \cup B = B \cup A$$
$$A \cup \emptyset = \emptyset \cup A = A.$$

13. A sei eine Menge. Bestimme:

$A \cup A, \quad\quad A \cup A \cup A \cup A \cup A$
$A \cup \emptyset \cup A, \quad \emptyset \cup \emptyset \cup \emptyset \cup \emptyset$

14. Wenn A und B Mengen sind, so gilt:
$$A \cup B = B \Leftrightarrow A \subset B \Leftrightarrow A = A \cap B.$$

II. Einteilungen unserer Klasse

1. Klasseneinteilungen

Jeder Schüler unserer Klasse wird mit einem bestimmten lateinischen Buchstaben bezeichnet. Die Menge der Schüler unserer Klasse – kurz unsere Klasse – wird mit dem Buchstaben K bezeichnet. Wir haben also

$$K = \{a, b, c, d, e, f, g, h, i, j, k, l, m, n, p, q, r, s, t, u, v, w, x\}.$$

In unserer Klasse stehen drei Reihen Bänke. Wir nennen die Menge der Schüler in der ersten Bankreihe I, die Menge der Schüler in der zweiten Bankreihe II und die Menge der Schüler der dritten Reihe III. Man hat also

$$K = \mathrm{I} \cup \mathrm{II} \cup \mathrm{III}. \tag{1}$$

Es gilt $\mathrm{I} \subset K$, $\mathrm{II} \subset K$, $\mathrm{III} \subset K$, was besagt, daß die Mengen I, II, III Teilmengen von K sind.

Die Mengen I, II und III sind zu je zwei disjunkt. Damit will man sagen, daß

$$\mathrm{I} \cap \mathrm{II} = \mathrm{II} \cap \mathrm{III} = \mathrm{III} \cap \mathrm{I} = \emptyset \tag{2}$$

gilt. Andererseits ist es klar, daß keine der Mengen I, II und III leer ist

$$\mathrm{I} \neq \emptyset, \quad \mathrm{II} \neq \emptyset, \quad \mathrm{III} \neq \emptyset. \tag{3}$$

Man sagt, die Menge der Eigenschaften {(1), (2), (3)} der Mengen I, II, III liefert eine Klasseneinteilung von K.

Definition: Jede Menge von nichtleeren Teilmengen von K, derart daß jedes Element von K zu einer und nur einer dieser Teilmengen gehört, liefert eine Klasseneinteilung von K.

Die Beziehung (1) zeigt, daß jedes Element von K mindestens zu einer der Teilmengen I, II, III gehört. Die Beziehung (2) beweist, daß kein Gegenstand gleichzeitig zu zwei ihrer Teilmengen gehören kann.

Man kann sehr gut andere Einteilungen unserer Klasse vornehmen. Man kann die Schüler aufteilen, indem man beobachtet, ob sie Brillen tragen oder nicht. Ω sei die Menge der Schüler, die eine Brille tragen. Also ist $\Delta = K \setminus \Omega$ die Menge der Schüler, die keine Brille tragen.

Da
$$K = \Omega \cup \Delta$$
und
$$\Omega \cap \Delta = \emptyset$$
und
$$\Omega \neq \emptyset \neq \Delta,$$

bildet die Menge $\{\Omega, \Delta\}$ eine Klasseneinteilung von K.

Wie wir bereits oben gesehen haben, nimmt jeder Schüler an einem und nur einem der folgenden Kurse teil: Weltanschauung, katholische oder protestantische Religion. Mit *We* bezeichnen wir die Menge der Schüler, die am Weltanschauungsunterricht, mit *Ca* die Menge der Schüler, die am katholischen Unterricht, mit *Pr* die Menge der Schüler, die am protestantischen Religionsunterricht teilnehmen. Man hat also auch

$$K = We \cup Ca \cup Pr, \tag{4}$$

denn jeder Schüler muß an einem der Kurse teilnehmen, und

$$We \cap Ca = We \cap Pr = Ca \cap Pr = \emptyset, \tag{5}$$

denn kein Schüler kann gleichzeitig an zwei Kursen teilnehmen.

Ihr werdet euch also wundern, wenn ich sage, daß trotz (4) und (5) die Menge der Teilmengen $\{We, Ca, Pr\}$ keine Einteilung von K ist? Ob ihr erstaunt seid oder nicht, ihr müßt daraus folgern, daß mindestens eine der Teilmengen *We, Ca, Pr* leer ist! Warum? Tatsächlich ist die Menge *Pr* leer.

$$Pr = \emptyset.$$

Ihr werdet unten sehen, daß

$$We \neq \emptyset \quad \text{und} \quad Ca \neq \emptyset.$$

Daraus folgt, daß die Menge $\{We, Ca\}$ eine Klasseneinteilung von K ist.

Bevor man Näheres über die Mengen I, II, III, Ω, Δ, *We, Ca, Pr* weiß, kann man ein Diagramm entwerfen, in dem diese verschiedenen Unterteilungen sich überlagern (Abb. 18).

Abb. 18

Dieses Diagramm gibt eine Zusammenfassung der folgenden Definitionen

$$\begin{aligned}
A &= \text{I} \cap We \cap \Delta & J &= \text{II} \cap Ca \cap \Delta \\
B &= \text{I} \cap We \cap \Omega & L &= \text{III} \cap Ca \cap \Omega \\
C &= \text{II} \cap We \cap \Omega & M &= \text{III} \cap Ca \cap \Delta \\
D &= \text{II} \cap We \cap \Delta & N &= \text{I} \cap Pr \cap \Delta \\
E &= \text{III} \cap We \cap \Omega & P &= \text{I} \cap Pr \cap \Omega \\
F &= \text{III} \cap We \cap \Delta & Q &= \text{II} \cap Pr \cap \Omega \\
G &= \text{I} \cap Ca \cap \Delta & R &= \text{II} \cap Pr \cap \Delta \\
H &= \text{I} \cap Ca \cap \Omega & S &= \text{III} \cap Pr \cap \Omega \\
I &= \text{II} \cap Ca \cap \Omega & T &= \text{III} \cap Pr \cap \Delta.
\end{aligned}$$

Die Mengen $A, B, \ldots T$ wurden durch Beschreibung definiert.

Wir müssen jetzt angeben, wie die Schüler $a, b, c, \ldots x$ sich auf die Mengen I, II, III, *We, Ca, Pr* verteilen. Wir tun dies, indem wir für diese Mengen die Definition durch Aufzählung benutzen, d. h. indem wir die Gegenstände, die zu diesen Mengen gehören, aufzählen.

$$\begin{aligned}
\text{I} &= \{e, f, g, h, i, j, k\} \\
\text{II} &= \{c, d, l, m, n, p, u, v\} \\
\text{III} &= \{a, b, q, r, s, t, w, x\} \\
We &= \{b, c, d, f, g, i, j, k, r, t, u, v\} \\
Ca &= \{a, e, h, l, m, n, p, q, s, w, x\} \\
Pr &= \emptyset \\
\Omega &= \{j, k, m, s\} \\
\Delta &= \{a, b, c, d, e, f, g, h, i, l, n, p, q, r, t, u, v, w, x\}.
\end{aligned}$$

Wir können jetzt die Elemente der Mengen $A, B, \ldots T$ aufzählen. Man findet:

$$\begin{aligned}
A &= \{f, g, i\} & G &= \{e, h\} \\
B &= \{j, k\} & H &= \emptyset \\
C &= \emptyset & I &= \{m\} \\
D &= \{c, d, u, v\} & J &= \{l, n, p\} \\
E &= \emptyset & L &= \{s\} \\
F &= \{b, r, t\} & M &= \{a, q, w, x\} \\
N &= P = Q = R = S = T = \emptyset.
\end{aligned}$$

Wir können einen Teil dieser Ergebnisse in unser großes Diagramm einzeichnen, indem wir besonders die Teile angeben, die leer sind. Dies gestattet uns, ein noch anschaulicheres Diagramm aufzustellen (Abb. 19):

Abb. 19

Die Menge $\{A, B, D, F, G, I, J, L, M\}$ ist eine Klasseneinteilung von K. Rechtfertige diese Behauptung!

Die Menge $\{A, B, D, F\}$ ist eine Klasseneinteilung von We.
Die Menge $\{G, I, J, L, M\}$ ist eine Klasseneinteilung von Ca.
Schließlich ist $\{A, B, G\}$ eine Klasseneinteilung von I,
$\{D, I, J\}$ eine Einteilung von II
und $\{F, L, M\}$ eine Einteilung von III.

Aufgaben

1. Definiert durch Aufzählung der Elemente:

$$Ca \cap \text{I}, \quad Ca \cap \text{II}, \quad Ca \cap \text{III},$$
$$We \cap \text{I}, \quad We \cap \text{II}, \quad We \cap \text{III}.$$

2. Es sei ξ ein Schüler unserer Klasse, der der Bedingung

$$\xi \in G$$

genügt. Könnt ihr diese Formel deuten? Man sagt, daß ξ eine **Variable** ist!

3. η sei ein Schüler unserer Klasse. Löst das System

$$\eta \in B$$
$$\eta \neq j.$$

2. Unsere Definitionen

Wir haben die Vereinigung und den Durchschnitt nur für zwei Mengen definiert. Dennoch haben wir ohne Schwierigkeit auch den Durchschnitt und die Vereinigung mehrerer Mengen verwendet. Dieses zeigt, daß wir alles erraten haben, was man über den Durchschnitt oder die Vereinigung mehrerer Mengen wissen muß:

Vereinigung mehrerer Mengen:

Vereinigung der Mengen $A, B, \ldots K, L$

$$A \cup B \cup \ldots \cup K \cup L$$

nennt man die Menge der Elemente, die mindestens zu einer der Mengen $A, B, \ldots K, L$ gehören.

Durchschnitt mehrerer Mengen:

Durchschnitt der Mengen $A, B, \ldots K, L$

$$A \cap B \cap \ldots \cap K \cap L$$

nennt man die Menge der Elemente, die zu allen Mengen $A, B, \ldots K, L$ zugleich gehören.

Klasseneinteilung:

Man erhält eine Klasseneinteilung einer Menge, indem man diese in nichtleere Teilmengen zerlegt, von denen jeweils zwei disjunkt sind.

So ist die Menge $\{A, B, C, D\}$ dann und nur dann eine Klasseneinteilung der Menge M, wenn die folgenden Beziehungen erfüllt sind:

1. $A \cup B \cup C \cup D = M$
2. $A \neq \emptyset, \quad B \neq \emptyset, \quad C \neq \emptyset, \quad D \neq \emptyset$
3. $A \cap B = A \cap C = A \cap D = B \cap C = B \cap D = C \cap D = \emptyset$.

3. Aufgaben

1. Erläutere mit einem Diagramm:

$$\begin{aligned} A \cap B \cap C &= (A \cap B) \cap C \\ &= A \cap (B \cap C) \\ &= B \cap A \cap C \\ &= (B \cap A) \cap C \\ &= A \cap B \cap C \cap A. \end{aligned}$$

2. Die gleiche Aufgabe wie oben, setzt aber anstelle des Durchschnitts die Vereinigung.

3. Verallgemeinert die oben erhaltenen Ergebnisse!

4. Wenn $A \cup B \cup C = \emptyset$, was wißt ihr dann von A, B, C?

III. Ein wenig über die ebene Geometrie

1. Eine Frage

Die Mengenlehre ist sehr unterhaltsam. Aber wohin führt sie? Warum betreibt man sie?

Antwort:

a) Man könnte die entsprechende Frage genauso für eine Reihe von schon gelehrten Stoffgebieten stellen. Man stellt sie aber nicht für Gebiete, bei denen es schon Tradition ist, sie zu lehren.

b) Wir werden sehen, daß sich einige einfache *Gedankengänge* in Mengenbeziehungen übertragen lassen. Wie man sieht, übersetzt die *Mengenlehre* den Mechanismus des Denkens. Wenn die Verhältnisse kompliziert werden, kann der Mengenkalkül dazu dienen, die Lage zu entwirren.

c) Besonders wichtig ist die folgende Antwort: In jeder Epoche gehört zum Denken besonders das mathematische Denken. Heute wird fast die gesamte Mathematik mittels der Mengentheorie dargestellt. Aus diesem Grunde studieren wir bestimmte Elemente daraus.

d) In den vorhergehenden Abschnitten hat man bereits bemerken können, daß einige dieser Ideen, die hier eine Rolle gespielt haben, grundlegend sind. Dazu gehört im besonderen die Idee der Klassifikation, die bei den *Klasseneinteilungen* auftritt.

e) Wir können natürlich in diesem Einführungsunterricht nicht zeigen, daß die Mengentheorie einen guten Rahmen für die Mathematik darstellt. Wir werden indessen auf sehr einfache Art die Rolle zeigen, die diese Theorie in der *Geometrie*, in der *Arithmetik* und in der *Topologie* spielen kann.

Wir werden uns zunächst mit der Geometrie, genauer mit der *ebenen Geometrie*, beschäftigen. Da wir noch sehr wenig über die Mengentheorie wissen, werden wir in der Geometrie nur einfache Dinge behandeln. Aber wir werden sehen, wie diese durch die Mengentheorie erhellt werden. Dies wird uns sicherlich noch mehr Mut geben fortzufahren, die Elemente der Mengentheorie zu studieren.

2. Die Ebene

Für uns ist die Ebene zuerst die Oberfläche des Tisches, schön eben, schön poliert, schön glatt und für uns in Gedanken nach allen Richtungen ausgedehnt. Wir wissen, daß es andere Ebenen gibt, z. B. die Decke der Klasse, die Heftseite eines beliebigen Schülerheftes. Wir wissen auch, daß das, was wir von einer Ebene sagen werden, auch für die anderen Ebenen gültig sein wird.

Wenn wir uns an die Idee der Ebene erinnern, hat die Geometrie uns gelehrt, hier Mengen zu betrachten? Ja! Welche Mengen? Mengen von Figuren! Welche einfachen Figuren? Kreise und Vielecke! Welche noch einfacheren Figuren? Geraden! Daher betrachtet die Geometrie Mengen von Figuren und besonders von Geraden.

Aber sind diese Geraden nicht selbst Mengen? Jede Gerade ist eine Menge von Punkten. Kann man mit diesen Punkten Figuren herstellen? Ja, alle Figuren sind Mengen von Punkten.

„Alle Gebilde sind Mengen von Punkten."
Und die Ebene selbst? Die Ebene ist eine Menge von Punkten!
Der Einfachheit halber bezeichnen wir die Ebene künftig mit dem Buchstaben $I\!E$. $I\!E$ ist eine Menge von Punkten. Wenn wir also künftig schreiben $A \in I\!E$, so bedeutet dieses automatisch, daß A ein Punkt ist.

Stellen wir nun unsere ersten Aussagen zusammen.

G 1. Die Ebene $I\!E$ ist eine Menge von Punkten.

G 2. Jede Gerade der Ebene ist eine Teilmenge von $I\!E$.

Also ist jede Gerade eine Menge von Punkten. Wir können die Menge der Geraden von $I\!E$ betrachten. Wir bezeichnen sie mit dem Buchstaben G.

G 3. Wir nennen G die Menge der Geraden der Ebene $I\!E$.

Die Beziehung $a \in G$ bedeutet also, daß a eine Gerade ist und somit eine Teilmenge von $I\!E$. Also ist a enthalten in $I\!E$: $a \subset I\!E$. Die Beziehung $A \in a$ bedeutet, daß A ein Punkt von a ist.

Haben die Mengen $I\!E$ und G viele Elemente? Die Schüler antworten: eine unbegrenzte Anzahl. Wir werden sagen, daß diese Mengen **unendlich** sind. Wir werden noch lernen, besser zu verstehen, was das bedeutet. Nehmen wir indessen zur Kenntnis,

G 4. $I\!E$ und G sind unendliche Mengen.

Wir wissen also (aber ist es nicht selbstverständlich?), daß
$$I\!E \neq \emptyset \neq G.$$
Anders gesagt:

„Es gibt Punkte und Geraden in der Ebene."

Es sei $g \in G$ (übertragen: g sei eine Gerade). Da g eine Teilmenge von $I\!E$ ist, gilt also
$$g \subset I\!E.$$
Kann $g = I\!E$ sein? Wenn das so wäre, wäre die Ebene doch eine Gerade! Stellen wir also fest:

G 5a. $I\!E \notin G$. Die Ebene $I\!E$ ist keine Gerade.

Wenn $g \in \mathcal{G}$, gilt $g \subset I\!E$ und $g \neq I\!E$. Das bedeutet, daß es in $I\!E$ Punkte gibt, die nicht zu g gehören. Anders gesagt, wenn wir g aus $I\!E$ entfernen, bleibt eine nichtleere Menge übrig.

G 5b. Wenn $g \in \mathcal{G}$, so gilt $I\!E \setminus g \neq \emptyset$.

Es sei $A \in I\!E$ und $B \in I\!E$. Das bedeutet, daß A einen Punkt von $I\!E$ und daß B einen Punkt von $I\!E$ bezeichnen. Ist es möglich, daß A und B denselben Punkt bezeichnen? Aber sicher! Und wenn man es weiß, schreibt man $A = B$. Wenn man dagegen weiß, daß A und B nicht denselben Punkt bezeichnen, so schreibt man $A \neq B$.

Dasselbe gilt für $a \in \mathcal{G}$ und $b \in \mathcal{G}$. Aber gibt es $a \subset b$ mit $a \neq b$? Wir dürfen nicht vergessen, daß die Geraden in beiden Richtungen unendlich sind. Also

$$\text{wenn } a, b \in \mathcal{G} \text{ und wenn } a \subset b, \text{ dann } a = b.$$

Wir haben dieses Ergebnis nicht wie einige der vorhergehenden numeriert, denn wir werden es im Zusammenhang mit späteren Bemerkungen wiederfinden.

3. Geraden und Punkte

Es seien A und B nichtzusammenfallende Punkte.

$$A \in I\!E, \quad B \in I\!E, \quad A \neq B.$$

Gibt es eine Gerade g, die durch A und B geht? Anders gesagt: Gibt es eine Gerade $g \in \mathcal{G}$ mit $A \in g$ und $B \in g$? Ja, sicher! Zeichnen wir eine solche Gerade!

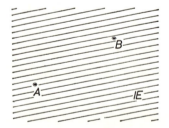

Abb. 20

Gibt es mehrere Geraden, die gleichzeitig durch A und B gehen? Nein, diese Gerade ist einmalig. Also

$$\text{wenn } \begin{cases} a \in \mathcal{G}, & b \in \mathcal{G} \\ A \in a, & A \in b, \quad B \in a, \quad B \in b \\ A \neq B & \end{cases}, \text{ dann ist } a = b$$

Wiederholen wir dieses wichtige Ergebnis:

G 6. Wenn $A \in \mathit{I\!E}$, $B \in \mathit{I\!E}$ und $A \neq B$, dann gibt es eine und nur eine Gerade $g \in \mathit{G}$, so daß $A \in g$ und $B \in g$. Diese Gerade, die durch die Menge der Punkte $\{A, B\}$ vollkommen festgelegt ist, wird AB genannt.

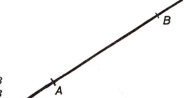

Abb. 21. Die einzige Gerade AB durch die Punkte A und B

Die Gerade AB enthält die unterschiedlichen Punkte A und B. Enthält jede Gerade mindestens zwei verschiedene Punkte? Ja, sicher! Wir können sogar noch mehr sagen: Jede Gerade ist eine unendliche Menge von Punkten. Aber da wir nicht ganz genau wissen, was das bedeutet, drücken wir uns vorsichtig aus.

G 7. Jede Gerade enthält (mindestens) zwei verschiedene Punkte. Jede Gerade ist eine unendliche Menge von Punkten.

Wenn man Symbole bevorzugt, kann man schreiben: Wenn $g \in \mathit{G}$, dann gibt es $A \in \mathit{I\!E}$ und $B \in \mathit{I\!E}$, so daß gilt $A \neq B$, $A \in g$ und $B \in g$. Außerdem gilt in diesem Falle (aufgrund von **G 6**) $g = AB$. Jede Gerade ist definiert durch zwei beliebige ihrer Punkte. Wir wollen nun einen Satz beweisen.

Satz: Es seien $a, b \in \mathit{G}$. Wenn $a \subset b$, dann $a = b$.

Beweis: Aufgrund von **G 7** gibt es Punkte A, B, so daß

$$A \neq B, \quad A \in a, \quad B \in a,$$

also $a = AB$ (aufgrund von **G 6**). Aber aus $A \in a \subset b$ folgt $A \in b$ entsprechend auch $B \in b$. Man hat folglich

$$A \neq B, \quad A \in b, \quad B \in b.$$

Also (wieder aufgrund von **G 6**)

$$b = AB.$$

Da $a = AB$ und $b = AB$, so folgt $a = b$. q.e.d.

4. Durchschnitt von Geraden

Nehmen wir an, daß a eine Gerade bezeichnet und daß b eine Gerade bezeichnet. In Symbolen: $a \in \mathit{I\!E}$ und $b \in \mathit{I\!E}$.

Betrachten wir jetzt, was der Durchschnitt

$$a \cap b$$

sein kann. Wenn wir eine Anzahl von Geraden an die Wandtafel zeichnen, stellen wir fest, daß die folgenden drei Fälle auftreten können:

1. $a = b$ (a und b bezeichnen dieselbe Gerade)
   Es gilt in diesem Falle $a \cap b = a = b$.
2. $a \cap b$ enthält nur einen Punkt
3. $a \cap b$ ist leer.

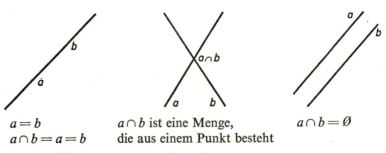

$a = b$ $\qquad\qquad$ $a \cap b$ ist eine Menge, $\qquad\qquad$ $a \cap b = \emptyset$
$a \cap b = a = b$ $\qquad$ die aus einem Punkt besteht

Abb. 22. Durchschnitt von Geraden

Tatsächlich können wir von unseren vorhergehenden Resultaten ableiten, daß der zweite Fall eintreten kann. Zu diesem Zweck stellen wir eine amüsante Behauptung auf, für die wir erst die Voraussetzung formulieren.

Voraussetzung: Es seien A und B **verschiedene Punkte**.

Da $A \neq B$, können wir von der Geraden AB sprechen. Aufgrund von **G 5** gibt es einen Punkt C mit

$$C \notin AB \quad \text{mit} \quad C \neq A \quad \text{und} \quad C \neq B. \tag{1}$$

Diese Beziehung gestattet es uns, von den Geraden AC und BC zu sprechen.

Satz: Wenn $A, B \in \mathbb{E}$ und $A \neq B$ und $C \notin AB$, so gilt:

$$A \notin BC, \; B \notin CA, \; AB \cap AC = \{A\}, \; AB \cap BC = \{B\}, \; AC \cap BC = \{C\}.$$

Beweis:

Es gilt ganz klar $A \in AC \cap AB$. Wenn es einen Punkt $X \neq A$ gäbe, und zwar so, daß $X \in AC \cap AB$, hätte man $AC = AB$ aufgrund von **G 7**, wobei $C \in AB$ gelten würde im Gegensatz zu dem, was wir wissen (1). Ein solcher Punkt X kann also nicht existieren, und es gilt:

$$\{A\} = AB \cap AC. \tag{2}$$

Aus dem gleichen Grunde gilt

$$\{B\} = AB \cap BC. \tag{3}$$

Aus (2) folgt, daß

$$B \notin AC. \tag{4}$$

Wenn $B \in AC$ und $B \in AB$, hätte man $B \in AB \cap AC$, und da $A \ne B$, würde dieses einen Widerspruch zu (2) bedeuten.

Ebenso folgt nach (3)
$$A \notin BC. \qquad (5)$$
Es bleibt noch zu beweisen, daß
$$\{C\} = AC \cap BC. \qquad (6)$$
Einleuchtend ist, daß $C \in AC \cap BC$.
Wenn der Durchschnitt $AC \cap BC$ nicht aus einem Punkt bestünde, dann gäbe es $Y \ne C$, welches zu $AC \cap BC$ gehört. Dann wäre $AC = BC$, wobei $A \in BC$ im Gegensatz zu (5). Es gilt also (6).

Zusatz: Wenn $a \in \boldsymbol{G}$, dann gibt es eine Gerade $b \in \boldsymbol{G}$, so daß $a \cap b$ eine Menge ist, die aus nur einem Punkt besteht.

Beweis: In der Tat gibt es auf a Punkte A, B, so daß gilt:
$$A \in a, \quad B \in a, \quad A \ne B.$$
Aufgrund der vorhergehenden Behauptung gibt es also einen Punkt C, so daß
$$C \notin AB = a \quad \text{und} \quad \{A\} = AB \cap AC.$$
Wenn man $b = AC$ setzt, hat man also $\{A\} = a \cap b$.

Definition: Zwei Geraden a, b, deren Durchschnitt aus genau einem Punkt besteht, werden sich **schneidende Geraden** genannt.

Man sagt, daß diese Geraden sich schneiden oder daß jede von ihnen die andere schneidet. Man schreibt dafür
$$a \,\|\!| \, b.$$

Definition: Wenn die Gerade a die Gerade b nicht schneidet, so schreibt man $a \parallel b$, und man sagt, daß a und b **parallel** sind.

Abb. 23. Richtung

Dieses bedeutet, daß entweder $a = b$ oder $a \cap b = \emptyset$ gilt. Anschaulich haben wir gesehen, daß $a \cap b = \emptyset$ tatsächlich eintreten kann. Gehen wir jetzt einen Schritt weiter und betrachten die Menge der Geraden, die zu a parallel sind.

In Abb. 23 hat man einige Geraden, die zu a parallel sind, dargestellt. Wir bezeichnen die Menge der Geraden, die zu a parallel sind, als richt a:
$$\text{richt } a = \{x \in \boldsymbol{G} \mid x \parallel a\}.$$

Die Menge richt *a* wird die Richtung von *a* genannt. Also: **Die Richtung einer Geraden ist die Menge der Geraden, die ihr parallel sind.**

Da $a \parallel a$, gilt im besonderen $a \in \text{richt } a$. Wir sehen experimentell, daß richt *a* eine Klasseneinteilung von $I\!\!E$ ist.

G 8. Die Richtung jeder Geraden ist eine Klasseneinteilung der Ebene.

Gleichbedeutend ist die folgende Formulierung:

G 8. Durch jeden Punkt der Ebene geht eine und nur eine Parallele zu einer gegebenen Geraden.

Satz: a, b, c seien Geraden. Dann gilt:

1. $a \parallel a$ (*Reflexivität*)
2. Aus $a \parallel b$ folgt $b \parallel a$ (*Symmetrie*)
3. Aus $a \parallel b$ und $b \parallel c$ folgt $a \parallel c$ (*Transitivität*).

Man drückt diese drei Eigenschaften von Parallelen aus, indem man sagt, daß die Beziehung $\parallel$ reflexiv, symmetrisch und transitiv ist.

Beweis: Erinnern wir uns zunächst an die Definition des $\parallel$. Die Geraden $a, b \in \boldsymbol{G}$ sind parallel, und man schreibt $a \parallel b$ dann und nur dann, wenn eine der folgenden Bedingungen erfüllt ist:

$$a = b \quad \text{oder} \quad a \cap b = \emptyset. \tag{1}$$

Da $a = a$, hat man $a \parallel a$, und die Beziehung der Parallelität ist reflexiv.

a und b seien Geraden. Es gilt:

$$a \parallel b \Leftrightarrow \begin{Bmatrix} a = b & \Leftrightarrow & b = a \\ \text{oder} & & \text{oder} \\ a \cap b = \emptyset & \Leftrightarrow & b \cap a = \emptyset \end{Bmatrix} \Leftrightarrow b \parallel a.$$

Es bleibt die Transitivität des $\parallel$ zu beweisen. Da $a \parallel b$ und $c \parallel b$, hat man $a \in \text{richt } b$ und $c \in \text{richt } b$. richt b ist eine Klasseneinteilung nach **G 8**. Somit folgt $a = c$ oder $a \cap c = \emptyset$. Also ist $a \parallel c$.

Satz: Wenn $\text{richt } a \cap \text{richt } b \neq \emptyset$, dann $\text{richt } a = \text{richt } b$.

Beweis: Wir nehmen an $x \in \text{richt } a \cap \text{richt } b$. Also

$$a \parallel x \parallel b$$

und wegen der Transitivität $a \parallel b$ folgt:

$$a \in \text{richt } b \tag{2}$$

und

$$b \in \text{richt } a. \tag{3}$$

Nun aber ist richt *a* die Menge der Geraden, die zu *a* parallel sind, die selbst parallel zu *b* ist. Also ist wegen der Transitivität jede Gerade von richt *a* parallel zu *b* und gehört zu richt *b*. Aus der Beziehung (2) folgt richtig *a* ⊂ richt *b*. Aus den gleichen Gründen folgt aus (3) richt *b* ⊂ richt *a*. Also gilt:

$$\text{richt } a = \text{richt } b.$$

Zusatz: Jede Richtung ist die Richtung jeder der Geraden, die sie enthält.

Beweis: richt *a* sei eine Richtung, und *b* ∈ richt *a*. Da *b* ∈ richt *b*, gilt *b* ∈ richt *a* ∩ richt *b* und richt *a* ∩ richt *b* ≠ ∅. Aus der vorhergehenden Behauptung folgt richt *a* = richt *b*. Jede Gerade gehört also zu einer und nur einer Richtung. Daraus folgt, daß die Menge der Richtungen eine Klasseneinteilung der Menge der Geraden ist:

Zusatz: {richt *a* | *a* ∈ 𝒢} ist eine Klasseneinteilung von 𝒢.

5. Aufgaben und Bemerkungen

1. Jede Gerade ist eine Menge von Punkten. Die Menge 𝒢 ist die Menge der Geraden der Ebene 𝔼. Also gehört kein Punkt zu 𝒢.
2. Wenn $\xi \in \mathbb{E}$, so gilt $\xi \notin \mathcal{G}$.
3. Wenn $\eta \in \mathcal{G}$, so gilt $\eta \notin \mathbb{E}$.
4. Wenn $\delta \in \mathcal{G}$, so gilt $\delta \subset \mathbb{E}$.
5. Wenn $a \subset g \in \mathcal{G}$, was kann man dann von *a* sagen?
   (*g* ist eine Gerade, und *a* ist ein Teil dieser Geraden. Also ist *a* eine gewisse Menge von Punkten, die auf der Geraden *g* liegen. Es sind „Punkte auf gerader Linie".)
6. *O* sei Element von 𝔼. Die Menge der Punkte von 𝔼, die die Entfernung 50 cm von dem Punkt *O* haben, bildet einen **Kreis**, den wir *Γ* nennen. Also ist *Γ* der Kreis mit dem Mittelpunkt *O* und dem Radius 50 cm. Ich nenne *Δ* die Menge der Punkte von *Γ* und der **innerhalb** von *Γ* liegenden Punkte. Also ist *Δ* die

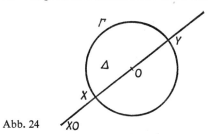

Abb. 24

Menge der Punkte von 𝔼, deren Entfernung von *O* gleich oder kleiner als 50 cm ist. Man sagt, daß *Δ* die **abgeschlossene Kreisscheibe** mit dem Mittelpunkt *O* und dem Radius 50 cm ist. Man hat *Γ* ⊂ *Δ*, und *Δ* \ *Γ* ist das **Innere** der Scheibe oder die **offene Kreisscheibe**. Es sei *X* ∈ *Γ* (*X* ist ein Punkt des Kreises). *XO* bezeichnet die Gerade, die durch *X* und *O* geht.

Bestimmen wir $\Gamma \cap XO$! Es ergibt sich
$$\Gamma \cap XO = \{X, Y\},$$
wo Y ein Punkt ist, der verschieden von X ist und auf Γ und auf XO liegt.
Es gilt $XO = XY = OY = YO = OX = YX$.
Wir bezeichnen mit $[XY]$ die Strecke mit den Endpunkten X, Y, d. h. die Menge der Punkte von XY, die zwischen X und Y liegen, die Endpunkte X und Y eingeschlossen. Ich sage, daß $[X, Y]$ ein Durchmesser von Γ oder von Δ ist. Entwerft andere Durchmesser!
Welches ist die Vereinigung aller Durchmesser von Δ? **Die Vereinigung der Durchmesser von Δ ist nichts anderes als Δ selbst!**
Der Durchschnitt dieser Durchmesser ist das Zentrum O oder genauer die Menge, die den Mittelpunkt O als einziges Element enthält.

7. Ruft euch die folgenden Definitionen ins Gedächtnis!
   – Kreis mit dem Mittelpunkt O und dem Radius r
   – geschlossene Scheibe mit dem Mittelpunkt O und dem Radius r
   – offene Scheibe mit dem Mittelpunkt O und dem Radius r.
   Die Länge r sei gegeben. Γ sei der Kreis, A die geschlossene Scheibe und B die offene Scheibe mit dem Mittelpunkt O und dem Radius r.

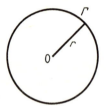  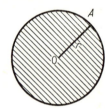

Kreis mit dem Mittelpunkt O und dem Radius r.

Offene Scheibe mit dem Mittelpunkt O und dem Radius r.

Abgeschlossene Scheibe mit dem Mittelpunkt O und dem Radius r.

Abb. 25. Kreis und Kreisscheibe

Es gilt:

$A = B \cup \Gamma$ $A \setminus \Gamma = B$
$B \cap \Gamma = \emptyset$ $\{B, \Gamma\}$ ist eine Klasseneinteilung von A
$A \cap \Gamma = \Gamma$ $A \supset B, A \supset \Gamma$
$A \setminus B = \Gamma$

8. Was ist der Kreis Γ_0 mit dem Mittelpunkt O und dem Radius Null? Was ist die geschlossene Scheibe A_0 mit dem Mittelpunkt O und dem Radius Null? Was ist die offene Scheibe B_0 mit dem Mittelpunkt O und dem Radius Null?
   Lösung:
   $$\Gamma_0 = A_0 = \{O\}, \quad B_0 = \emptyset.$$

9. Die Menge der Kreise mit dem Mittelpunkt O liefert eine Klasseneinteilung der Ebene.

10. Ist die Menge der Geraden, die durch O gehen, eine Klasseneinteilung der Ebene? (Nein! Warum nicht?)
Wie kann man eine Klasseneinteilung aufstellen, die von der vorhergehenden Lage ausgeht?
11. Betrachten wir die Menge der offenen Scheiben mit dem Mittelpunkt O. Welches ist die Vereinigung dieser Menge von Scheiben? Welches ist der Durchschnitt dieser Menge von Scheiben?
12. Betrachten wir die Menge der geschlossenen Scheiben mit dem Mittelpunkt O. Welches ist die Vereinigung dieser Menge von Scheiben? Welches ist der Durchschnitt dieser Menge von Scheiben?
13. Betrachten wir die Menge der Kreise mit dem Mittelpunkt O. Welches ist die Vereinigung dieser Menge von Kreisen? Welches ist der Durchschnitt dieser Menge von Kreisen?
14. Betrachten wir die Menge der Kreise mit dem Mittelpunkt O und dem Radius ungleich Null. Welches ist die Vereinigung dieser Menge von Kreisen?
15. a sei eine Gerade und Γ ein Kreis mit dem Radius ungleich Null. Was bedeutet $a \cap \Gamma = \emptyset$? Was bedeutet im allgemeinen der Durchschnitt $a \cap \Gamma$? Zeichne die Figuren, die den verschiedenen Fällen entsprechen!
16. A und B seien Kreise mit den Radien ungleich Null. Nehmen wir an, daß $A \cap B = \{X, Y\}$ mit $X \neq Y$. Es ist also sicher, daß $X \in I\!E$ und $Y \in I\!E$. Zeichne die Figur!
Nennen wir C die geschlossene Scheibe, die durch A definiert ist, und D die geschlossene Scheibe, die durch B definiert ist.
Was ist
$$(C \cup D) \setminus (A \cup B)$$
$$(C \setminus A) \cup (D \setminus B)$$
$$(C \cup D) \setminus [(C \setminus A) \cup (D \setminus B)]?$$
17. Begründe:
$$a \in \text{richt } b \Leftrightarrow b \in \text{richt } a \Leftrightarrow a \parallel b \Leftrightarrow \text{richt } a = \text{richt } b.$$

6. Kommen wir zurück auf unsere Definitionen

Ohne es besonders zu betonen, sind wir von der Vereinigung zweier Mengen zur Vereinigung dreier Mengen übergegangen, von dort zu einer solchen mit einer endlichen Anzahl von Mengen und schließlich zur Vereinigung einer Menge beliebig vieler Mengen.

Da es unschön klingt, von einer Menge von Mengen zu sprechen, sagen wir Familie von Mengen für jede Menge von Mengen.

Wir formulieren unsere Definitionen nun für die Familien beliebiger Mengen. Die Familien seien endlich oder nicht.

Durchschnitt einer Familie von Mengen nennt man die Menge von Elementen, die zu allen Mengen der Familie gehören.

Vereinigung einer Familie von Mengen nennt man die Menge von Elementen, die mindestens zu einer der Mengen der Familie gehören.

Klasseneinteilung einer Menge M nennt man jede Familie von nichtleeren Teilmengen von M, so daß jedes Element von M zu einer und nur einer Menge der Familie gehört.

IV. Algebra der Teilmengen einer Menge

1. Die Teilmengen einer Menge

a, b, c, d seien vier verschiedene Schüler unserer Klasse. Es gilt also

$$a \neq b, \quad a \neq c, \quad a \neq d, \quad b \neq c, \quad b \neq d, \quad c \neq d.$$

Betrachten wir die Menge M, die von den Schülern gebildet wird:

$$M = \{a, b, c, d\}.$$

Welche Teilmengen besitzt M? Man kann Teilmengen von M erhalten, indem man die Schüler von M betrachtet, die eine beliebige Bedingung erfüllen; z. B.

– Die Menge A der Schüler von M, die eine Brille tragen.
– Die Menge B der Schüler von M, die größer sind als 1 m.
– Die Menge C der Schüler von M, die größer sind als 2 m.

Wenn a und c Brillen tragen und wenn b und d keine tragen, so gilt

$$A = \{a, c\}.$$

Alle Schüler unserer Klasse sind über einen Meter groß. Also ist

$$B = \{a, b, c, d\} = M.$$

Man sagt, $B = M$ ist die **unechte Teilmenge** von M.

Kein Schüler unserer Klasse ist größer als zwei Meter. Also ist $C = \emptyset$. Man sagt, $C = \emptyset$ ist die **leere Teilmenge** von M.

Wir können alle möglichen Teilmengen von M aufzählen:

$\emptyset$	leere Teilmenge
$\{a\}, \{b\}, \{c\}, \{d\}$	echte Teilmengen
$\{a, b\}, \{a, c\}, \{a, d\}, \{b, c\}, \{b, d\}, \{c, d\}$	echte Teilmengen
$\{a, b, c\}, \{a, b, d\}, \{a, c, d\}, \{b, c, d\}$	echte Teilmengen
$\{a, b, c, d\}$	unechte Teilmenge

Wir bezeichnen mit $\mathfrak{P}M$ die Menge der Teilmengen von M. Es ist

$$\mathfrak{P}M = \{\emptyset, \{a\}, \{b\}, \{c\}, \{d\}, \{a,b\}, \{a,c\}, \{a,d\}, \{b,c\}, \{b,d\}, \{c,d\},$$
$$\{a,b,c\}, \{a,b,d\}, \{a,c,d\}, \{b,c,d\}, M\}.$$

Man kann auch schreiben (Definition der Menge durch Beschreibung):

$$\mathfrak{P}M = \{P \mid P \subset M\},$$

was man liest, $\mathfrak{P}M$ ist die Menge der P mit $P \subset M$, d. h. die Menge der Teilmengen von M.

A 9. Für jede Menge M bezeichnen wir mit $\mathfrak{P}M$ die Menge der Teilmengen von M:
$$\mathfrak{P}M = \{X \mid X \subset M\}.$$

Aufgaben:

1. M sei eine Menge. Was bedeutet $A \subset M$? Was bedeutet $A \in \mathfrak{P}M$? Es ist
$$A \subset M \leftrightarrow A \in \mathfrak{P}M. \qquad (1)$$
2. Berechne die Menge $\mathfrak{P}\{a, b\}$; d. h. zähle die Elemente auf!
3. Dieselbe Aufgabe für $\mathfrak{P}\{a, b, c\}$.
4. Dieselbe Aufgabe für $\mathfrak{P}\{a\}$. (Antwort: $\mathfrak{P}\{a\} = \{\emptyset, \{a\}\}$).
5. Dieselbe Aufgabe für $\mathfrak{P}\emptyset$. (Antwort: $\mathfrak{P}\emptyset = \{\emptyset\}$).
   Die Menge $\{\emptyset\}$ ist nicht leer. Tatsächlich ist $\emptyset \in \{\emptyset\}$!! Also $\{\emptyset\} \neq \emptyset$.
   Wir sehen, daß es wichtig ist, zwischen einem Element und einer Menge, die aus einem einzigen Element besteht, streng zu unterscheiden.
6. Kommen wir auf die ebene Geometrie zurück und behalten wir unsere gewohnten Bezeichnungen bei. So ist $\mathit{I\!E}$ die Menge der Punkte und G die Menge der Geraden der Ebene.
   Es gilt $\mathit{G} \subset \mathfrak{P}\mathit{I\!E}$.
   Wenn $g \in \mathit{G}$, so gilt richt $g \subset \mathit{G} \subset \mathfrak{P}\mathit{I\!E}$ und also richt $g \subset \mathfrak{P}\mathit{I\!E}$.
   Es gilt noch $\mathit{G} \in \mathfrak{P}\mathfrak{P}\mathit{I\!E}$ [s. (1)!].

2. Eigenschaften der Teilmengenbeziehung

M sei eine beliebige Menge. A, B seien Teilmengen von M. Also gilt $A \subset M$, $B \subset M$ oder, was äquivalent ist, $A \in \mathfrak{P}M$, $B \in \mathfrak{P}M$. Wenn A eine Teilmenge von B ist, schreibt man $A \subset B$. Im entgegengesetzten Fall schreibt man $A \not\subset B$. Man hat notwendigerweise eine und nur eine der Beziehungen $A \subset B$ oder $A \not\subset B$.

Abb. 26

Man beachte, daß aus $A \not\subset B$ nicht notwendigerweise $B \subset A$ folgt.
Beispiel: $M = \{a, b, c, d\}$. Man hat also
$$\{a, c\} \not\subset \{a, d\}$$
und
$$\{a, d\} \not\subset \{a, c\}.$$

Wichtige Eigenschaften der Teilmengenbeziehung

1. Wenn A und B Teilmengen von M sind, gibt es eine und nur eine der Beziehungen
$$A \subset B, \quad A \not\subset B.$$
2. *Reflexivität:* Für jede Teilmenge P von M gilt $P \subset P$.
3. *Transitivität:* Wenn A, B, C Teilmengen von M sind und wenn $A \subset B$ und $B \subset C$ gilt, so folgt $A \subset C$.
   Wir werden diese Transitivitätseigenschaft kurz wie folgt ausdrücken:
$$A \subset B \text{ und } B \subset C \Rightarrow A \subset C.$$
   Das Zeichen $\Rightarrow$ liest man: „wenn ..., so ..." oder „aus ... folgt".

4. *Antisymmetrie*[1]): Wenn A, B Teilmengen von M sind und
$$A \subset B \text{ und } B \subset A \Rightarrow A = B.$$
Die Menge der Eigenschaften, die wir gerade aufgezählt haben, faßt man zusammen, indem man sagt:

Die Teilmengenbeziehung $\subset$ ist eine auf $\mathfrak{P}M$ definierte Ordnung. Noch kürzer sagt man, ($\mathfrak{P}M$, $\subset$) ist eine Anordnung. Da $\emptyset \subset P \subset M$, sagt man, daß $\emptyset$ das Minimum und M das Maximum der Anordnung $\mathfrak{P}M, \subset$ ist.

Aufgaben

1. Die Beziehung $\supset$ ist eine Ordnung auf $\mathfrak{P}M$. Warum?
2. Betrachten wir die Menge der natürlichen Zahlen $\mathbb{N}_0 = \{0, 1, 2, 3, \ldots\}$. Es sei $a \in \mathbb{N}_0$ und $b \in \mathbb{N}_0$. Man sagt, $a \mid b$ (a Teiler von b) dann und nur dann, wenn es ein $c \in \mathbb{N}_0$ gibt, so daß $b = a \cdot c$ ist. Zeigt, daß ($\mathbb{N}_0$, $\mid$) eine Ordnung ist! Die Ordnung ($\mathbb{N}_0$, $\mid$) besitzt ein Minimum und ein Maximum. Welche sind das? (Das Minimum ist 1, das Maximum ist 0.)
3. Betrachten wir wieder die Menge $\mathbb{N}_0$, und versehen wir sie mit der wohlbekannten Beziehung $\leq$. Es ist ($\mathbb{N}_0$, $\leq$) eine Ordnung. Rechtfertige diese Behauptung! Sie enthält ein Minimum und kein Maximum.

3. Verknüpfungen

Verknüpfungen von Zahlen

Betrachten wir von neuem die Menge der natürlichen Zahlen $\mathbb{N}_0$:
$$\mathbb{N}_0 = \{0, 1, 2, 3, \ldots\}.$$
Wenn a, b zwei natürliche Zahlen sind, dann bezeichnet $a + b$ immer eine natürliche Zahl. Wir werden sagen, daß die Addition überall definiert oder abgeschlossen ist bzgl. der Addition. Diese Aussage gilt nicht für die Subtraktion. Die Multiplikation wiederum ist eine überall definierte Verknüpfung.

Die Addition und die Multiplikation sind assoziativ. Erinnern wir uns, daß man dadurch sagen will, daß, wenn a, b, c natürliche Zahlen sind, gilt:
$$(a + b) + c = a + (b + c), \quad (a \cdot b) \cdot c = a \cdot (b \cdot c).$$
Beachten wir, daß die Subtraktion nicht assoziativ ist. In der Tat
$$5 = (10 - 3) - 2 \neq 10 - (3 - 2) = 9.$$
Die Addition und die Multiplikation sind kommutative Verknüpfungen. Man will damit sagen, daß für $a, b \in \mathbb{N}_0$ gilt:
$$a + b = b + a \quad \text{und} \quad a \cdot b = b \cdot a.$$
Schließlich hat man noch das Gesetz der Distributivität:
$$a(b + c) = ab + ac.$$

---
[1]) oder Identivität

Man sagt, daß die Multiplikation in bezug auf die Addition **distributiv** ist.

Was würde der Satz bedeuten „Die Addition ist distributiv in bezug auf die Multiplikation?" Damit die Aussage wahr sei, müßte man haben

$$a + b \cdot c = (a + b) \cdot (a + c),$$

was falsch ist, da

$$2 = 1 + 1 \cdot 1 \neq (1 + 1) \cdot (1 + 1) = 4.$$

Man nennt $\mathbb{Z}$ die Menge der ganzen Zahlen, d. h. die Menge der positiven und negativen ganzen Zahlen und Null:

$$\mathbb{Z} = \{0, 1, -1, 2, -2, 3, -3, \ldots\}.$$

Die Subtraktion ist überall in $\mathbb{Z}$ definiert. Sie ist weder assoziativ noch kommutativ. Die Multiplikation in $\mathbb{Z}$ ist in bezug auf die Addition distributiv.

In $\mathbb{Z}$ gibt es ein **neutrales Element** für die Addition (Null):

$$0 + a = a + 0 = a \text{ für alle } a \in \mathbb{N}_0.$$

Ebenso ist die 1 ein neutrales Element für die Multiplikation.

Verknüpfungen von Mengen

In $\mathfrak{P}M$ kennen wir schon mehrere Verknüpfungen:

Die Vereinigung. Wenn A und B Teilmengen von M sind, so ist auch $A \cup B \subset M$. So kann man sagen, daß die Verknüpfung $\cup$ überall in $\mathfrak{P}M$ definiert ist.

Der Durchschnitt. Wenn A und B Teilmengen von M sind, so ist auch $A \cap B \subset M$. Die Verknüpfung $\cap$ ist also immer in $\mathfrak{P}M$ definiert.

Abb. 27. $(A \in \mathfrak{P}M \text{ und } B \in \mathfrak{P}M)$ $A \cap B \in \mathfrak{P}M$ und $A \cup B \in \mathfrak{P}M$

Ebenso ist die **Differenz** zweier Mengen eine definierte Verknüpfung in $\mathfrak{P}M$. Es sei $A \in \mathfrak{P}M$ und $B \in \mathfrak{P}M$. Die Differenz $A \setminus B$ ist die Menge der Elemente von A, die nicht zu B gehören:

$$A \setminus B = \{x \in A \mid x \notin B\}.$$

Also $A \setminus B \subset A$ und, da $A \subset M$, gilt

$$A \setminus B \subset M \quad \text{oder} \quad A \setminus B \in \mathfrak{P}M.$$

Die Verknüpfungen $\cup$ und $\cap$

Beschäftigen wir uns zunächst mit den Verknüpfungen $\cup$ und $\cap$. Die Verknüpfungen $\cup$ und $\cap$ haben sehr ähnliche Eigenschaften. Mit $A, B, C, \ldots$ bezeichnen wir die Teilmengen von M.

Die Verknüpfung $\cup$ ist assoziativ $(A \cup B) \cup C = A \cup (B \cup C)$	Die Verknüpfung $\cap$ ist assoziativ $(A \cap B) \cap C = A \cap (B \cap C)$
Die Verknüpfung $\cup$ ist kommutativ $A \cup B = B \cup A$	Die Verknüpfung $\cap$ ist kommutativ $A \cap B = B \cap A$

Die Verknüpfung $\cup$ läßt ein neutrales Element $\emptyset$ zu $$A \cup \emptyset = A$$	Die Verknüpfung $\cap$ läßt ein neutrales Element M zu $$A \cap M = A$$
Die Verknüpfung $\cup$ läßt ein antineutrales Element M zu $$A \cup M = M$$	Die Verknüpfung $\cap$ läßt ein antineutrales Element $\emptyset$ zu $$A \cap \emptyset = \emptyset$$
Die Verknüpfung $\cup$ ist idempotent[1]) $$A \cup A = A$$	Die Verknüpfung $\cap$ ist idempotent[1]) $$A \cap A = A$$

Diese Eigenschaften sind völlig evident. Man wird ein Diagramm für die Assoziativität zeichnen. Die Kommutativität ist ausschließlich der Tatsache zu verdanken, daß wir uns willkürlich entschieden haben, A vor B in $A \cup B$ zu schreiben.

Abb. 28. $A \cap (B \cup C) = (A \cap B) \cup (A \cap C)$

Prüfen wir jetzt den Ausdruck $A \cap (B \cup C)$, der die Zeichen $\cap$ und $\cup$ verbindet. Wir verweisen auf das vorstehende Diagramm, das sich auch im Anhang befindet.

Mittels verschiedener Farbstifte tragen wir zuerst $B \cup C$ ein und danach $A \cap (B \cup C)$. Tragen wir ebenfalls $A \cap B$ und $A \cap C$ ein. Was erscheint dann? Es gilt

$$A \cap (B \cup C) = (A \cap B) \cup (A \cap C).$$

Die Verknüpfung $\cap$ ist in bezug auf die Verknüpfung $\cup$ distributiv.

Wir haben im Vorhergehenden gesehen, daß in der Menge der ganzen Zahlen $\mathbb{Z}$ die Multiplikation distributiv in bezug auf die Addition ist, während die Addition nicht distributiv in bezug auf die Multiplikation ist.

Abb. 29. $A \cup (B \cap C) = (A \cup B) \cap (A \cup C)$

Es ist hier natürlich der Ausdruck

$$A \cup (B \cap C)$$

zu prüfen. Zu diesem Zweck betrachten wir Abb. 29. Mittels verschiedener Farbstifte tragen wir $B \cap C$ ein und dann $A \cup (B \cap C)$. Kennzeichnen wir noch $A \cup B$ und $A \cup C$. Was erscheint? Es gilt:

$$A \cup (B \cap C) = (A \cup B) \cap (A \cup C).$$

Die Verknüpfung $\cup$ ist in bezug auf die Verknüpfung $\cap$ distributiv.

Der Dualismus, der in der Tabelle der Eigenschaften von $\cup$ und $\cap$ erscheint, ist noch erweiterungsfähig.

$\cap$ ist distributiv in bezug auf $\cup$ $$A \cap (B \cup C) = (A \cap B) \cup (A \cap C)$$	$\cup$ ist distributiv in bezug auf $\cap$ $$A \cup (B \cap C) = (A \cup B) \cap (A \cup C)$$

---
[1]) Das heißt, sie läßt die Mengen „unverändert".

Die Operation $\setminus$ ist überall definiert in $\mathfrak{P}M$. Sie ist weder assoziativ noch kommutativ. Welches $A \in \mathfrak{P}M$ wir auch wählen, stets gilt

$$A \setminus \emptyset = A \qquad \emptyset \setminus A = \emptyset.$$

Die Differenzbildung $\setminus$ und die Verknüpfungen $\cup$ und $\cap$

Untersuchen wir jetzt den Fall der eventuellen Distributivität von $\setminus$ in bezug auf $\cup$ und $\cap$. Zu diesem Zweck müssen wir nacheinander die Ausdrücke

$$A \setminus (B \cup C)$$

und

$$A \setminus (B \cap C)$$

betrachten. Beschäftigen wir uns zunächst mit $A \setminus (B \cup C)$ und verweisen auf die Abbildung 30. Zuerst tragen wir die Buchstaben A, B, C in Abb. 30 ein. Mit Farb-

Abb. 30

stiften zeichnen wir dann $B \cup C$ und $A \setminus (B \cup C)$. Betrachten wir andererseits $A \setminus B$ und $A \setminus C$. Was erscheint diesesmal? Hat man Distributivität? Man erhält:

$$A \setminus (B \cup C) = (A \setminus B) \cap (A \setminus C).$$

Ist das noch ein Distributivgesetz? Nein! Warum nicht? Im zweiten Glied hat man anstelle von $\cup$ ein $\cap$! Wenn man auch kein Distributivgesetz hat, so kann man doch sagen, daß man fast ein Distributivgesetz hat. In der Formel

$$A \setminus (B \cup C) = (A \setminus B) \cap (A \setminus C)$$

berechnet sich das zweite Glied aus dem ersten wie im Falle der Distributivität, aber mit Substitution des Zeichens $\cap$ für das Zeichen $\cup$.

Setzen wir unsere Untersuchungen fort, und betrachten wir jetzt

$$A \setminus (B \cap C).$$

Zunächst tragen wir wieder die Buchstaben A, B, C in Abb. 31 ein, mit Farbstiften sodann $B \cap C$ und $A \setminus (B \cap C)$. Was müssen wir dann als nächstes betrachten? $A \setminus B$ und $A \setminus C$! Was erscheint in der Abbildung?

$$A \setminus (B \cap C) = (A \setminus B) \cup (A \setminus C).$$

Von neuem berechnet sich das zweite Glied dieser Gleichung wie im Falle einer wirklichen Distributivität, aber mit Substitution des Zeichens $\cup$ für das Zeichen $\cap$.

Abb. 31. $A \setminus (B \cap C) = (A \setminus B) \cup (A \setminus C)$

Halten wir unsere Ergebnisse gut fest. Wir können zuerst die Gleichungen schreiben:

$$A \setminus (B \cap C) = (A \setminus B) \cup (A \setminus C)$$
$$A \setminus (B \cup C) = (A \setminus B) \cap (A \setminus C).$$

Wir sagen (unter uns), daß die Verknüpfung \ fast distributiv ist in bezug auf die Gesetze ∪ und ∩. Das besagt, daß, wenn eines der vier Glieder der obigen Gleichungen gegeben ist, man das andere Glied entsprechend wie im Falle der Distributivität „bestimmen" kann. Aber man muß gut darauf achten, daß die Symbole ∩ und ∪ vertauscht werden.

4. Aufgaben

1. Gib die Teilmengenbeziehungen zwischen den folgenden Mengen an:
   Die Menge F der Einwohner der Friedrichstraße in Schleswig,
   die Menge B der Einwohner des Bundeslandes Schleswig-Holstein,
   die Menge S der Einwohner der Stadt Schleswig,
   die Menge E der Einwohner Europas,
   die Menge D der Einwohner der Bundesrepublik Deutschland,
   die Menge T der Einwohner der Erde,
   die Menge L der Lebewesen.
   Ich bezeichne dich mit t, zu welchen der obigen Mengen gehört t?

2. Die Teilmengenbeziehungen zwischen den folgenden Mengen sind anzugeben:
   Die Menge V der Vierecke (der Tafelebene),
   die Menge T der Trapeze (der Tafelebene),
   die Menge Q der Quadrate (der Tafelebene),
   die Menge R der Rechtecke (der Tafelebene),
   die Menge D der Rauten (der Tafelebene),
   die Menge G der gleichschenkligen Trapeze (der Tafelebene).
   Berechne $D \cap R$!

3. D sei die Menge der Dreiecke der Ebene, W sei die Menge der gleichseitigen Dreiecke, S die Menge der gleichschenkligen Dreiecke, R die Menge der rechtwinkligen Dreiecke, B die Menge der stumpfwinkligen Dreiecke.
   Welche Beziehungen kennt ihr unter den vorhergehenden Mengen? Was bedeuten $W \cap R$, $W \cap B$, $R \cap B$? Beschreibt die Elemente von $S \cap B$!

4. Zwei Mengen A, B heißen disjunkt oder elementfremd, wenn

$$A \cap B = \emptyset.$$

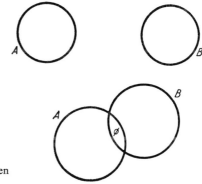

Abb. 32. Disjunkte Mengen

Wenn zwei der Mengen A, B, C disjunkt sind, so gilt:
$$A \cap B \cap C = \emptyset.$$

5. Wenn A und B Mengen sind, so gilt:
$$A \subset B \Leftrightarrow B \supset A \Leftrightarrow A \cap B = A \Leftrightarrow A \cup B = B \Leftrightarrow A \setminus B = \emptyset.$$

Beschränken wir uns darauf zu zeigen, daß
$$A \cap B = A \Leftrightarrow A \cup B = B.$$

Man beginnt, indem man das Schema für zwei Mengen in allgemeiner Lage zeichnet (Abb. 33).

Abb. 33

Man kennzeichnet $A \cup B$. Die Bedingung $A \cup B = B$ erfordert die Anwendung des Zeichens $\emptyset$ wie in Abb. 34.

Wenn man $A \cap B$ kennzeichnet, stellt man fest, daß die Bedingung $A \cap B = A$ die Anwendung des Zeichens $\emptyset$ an der gleichen Stelle verlangt. Also:
$$A \cap B = A \Leftrightarrow A \cup B = B.$$

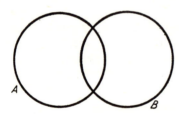

Abb. 34

6. Wenn A, B, C Teilmengen der Menge M sind, so gilt:
$$(A \cup B) \setminus C = (A \setminus C) \cup (B \setminus C)$$
$$(A \setminus B) \setminus C = (A \setminus C) \cap (B \setminus C)$$
$$(A \setminus B) \setminus C = A \setminus (B \cup C)$$
$$= (A \setminus C) \setminus B$$
$$= (A \setminus B) \cap (A \setminus C).$$

7. Wenn D die Menge der Dreiecke bezeichnet und S die Menge der gleichschenkligen Dreiecke, was bedeutet dann $D \setminus S$?

8. Es seien:
$$A = \{0, 1, -1, 3, -3, 5, -5, 7, -7\}$$
$$B = \{0, 1, 3, -3, 5, 7, -7\}$$
$$C = \{0, 1, -3, -5, -7\}$$

Bestimme:
$$(A \cup B) \cap C, \ (A \cap C) \cup (B \cap C), \ (A \cap B) \cup C,$$
$$(A \cup C) \cap (B \cup C), \ A \setminus B, \ B \setminus A, \ (A \setminus B) \setminus C, \ A \cap B,$$
$$B \cap A, \ A \cup \emptyset, \ \emptyset \cup A, \ A \cap \emptyset, \ \emptyset \cap A, \ \emptyset \cup C \cup \emptyset,$$
$$C \cap \emptyset \cap \emptyset \cap C, \ A \cup A, \ A \cap A, \ B \setminus \emptyset, \ \emptyset \setminus B.$$

9. A und B seien Teilmengen von M; es gilt:
$$A \setminus B = B \setminus A \Leftrightarrow A = B.$$

10. A, B, C, D seien Teilmengen von M; es gilt:
$$A \subset B \ \text{und} \ C \subset D \Rightarrow A \cup C \subset B \cup D$$

11. Es gilt immer $(A \setminus B) \cup B = A \cup B$.
    Was bedeutet also $(A \setminus B) \cup B = A$?

12. $A \setminus B = A \Leftrightarrow A \cap B = \emptyset \Leftrightarrow B \setminus A = B.$

13. Es gilt immer $(A \cup B) \setminus B = A \setminus B$.
    Was bedeutet also $(A \cup B) \setminus B = A$?

14. $\emptyset \setminus A = \emptyset$
    $A \setminus \emptyset = A$

15. $(A \setminus B) \setminus C = A \setminus (B \cup C) = (A \setminus B) \cap (A \setminus C)$

16. $A \setminus (B \cup C \cup D) = \ldots$

17. $(A \setminus B) \cap C = (A \cap C) \setminus (B \cap C)$
    $ = (A \cap C) \setminus B = (A \setminus B) \cap (C \setminus B)$

18. $A \cap (B \setminus C) = (A \cap B) \setminus (A \cap C)$
    $ = (A \setminus C) \cap B = (A \cap B) \setminus (B \cap C)$
    $ = (A \cap B) \setminus C$
    $ = (A \setminus C) \cap (B \setminus C)$

19. $A \setminus B = A \setminus (A \cap B)$

20. Wenn A, B, C, D Teilmengen der Menge M sind, so gilt:
$$(A \setminus B) \cap (C \setminus D) = (A \cap C) \setminus (B \cup D).$$

21. Wenn A, B, C Mengen sind, so gilt:
$$A \subset B \subset C \Leftrightarrow A \cup B = B \cap C.$$

V. Relationen

1. Die Kennzeichnung einer Relation

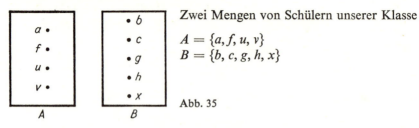

Zwei Mengen von Schülern unserer Klasse
$A = \{a, f, u, v\}$
$B = \{b, c, g, h, x\}$

Abb. 35

stehen einander gegenüber, wie es die Abb. 35 wiedergibt.

Jedem der Schüler der Menge A hat man die folgende Aufgabe gestellt: „Nenne die Schüler der Menge B, die du vor dem Anfang des Schuljahres kanntest!" Jedesmal, wenn ein Schüler von A einen Schüler von B als Antwort auf die gestellte Aufgabe nannte, so hat man dieses markiert, indem man eine Schnur vom gefragten zum genannten Schüler zog. Die Schnur wurde an jedem Ende von der rechten Hand des betreffenden Schülers festgehalten.

Man sagt, daß man auf diese Weise eine Relation von A in B definiert hat. Diese Beziehung wird festgelegt durch eine Menge von Schnüren zwischen jeweils zwei Mengen. Diese Beziehung kann auch durch das nebenstehende Schema dargestellt werden.

Die Abb. 36 zeigt uns, daß vor Anfang des Schuljahres die folgende Situation bestand:

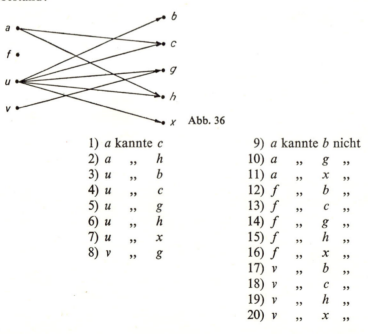

Abb. 36

1) a kannte c
2) a ,, h
3) u ,, b
4) u ,, c
5) u ,, g
6) u ,, h
7) u ,, x
8) v ,, g

9) a kannte b nicht
10) a ,, g ,,
11) a ,, x ,,
12) f ,, b ,,
13) f ,, c ,,
14) f ,, g ,,
15) f ,, h ,,
16) f ,, x ,,
17) v ,, b ,,
18) v ,, c ,,
19) v ,, h ,,
20) v ,, x ,,

Man kennt die obige Relation, wenn man die Schülerpaare, die durch Schnüre vereinigt sind, kennt. Man kann also sagen, daß die vorhergehende Relation identisch ist mit einer wohlbestimmten Menge von Schülerpaaren. Es wird bequem sein, die Beziehung und die Menge der Paare, die sie definiert, durch denselben Buchstaben C darzustellen. Daher schreiben wir das folgende:

$$C = \{(a, c),\ (a, h),\ (u, b),\ (u, c),\ (u, g),\ (u, h),\ (u, x),\ (v, g)\}.$$

Und wir zeigen an, daß das Paar (u, b) in der oben betrachteten Beziehung steht, indem wir $(u, b) \in C$ oder $u C b$ schreiben.

2. Produkt von zwei Mengen

Betrachten wir von neuem die Mengen A und B. Wir wollen eine neue Relation von A in B definieren. Wir sagen, daß ein Paar, von einem Schüler von A und von einem Schüler von B gebildet, zu dieser neuen Relation gehört, wenn die beiden Schüler dieselbe Klasse besuchen. Wie viele Schnüre müssen wir diesmal ziehen? 20! Denn die Schüler von A und die von B gehören alle zu derselben Klasse. Die Relation identifiziert sich diesmal mit der Menge aller Paare, die von einem Schüler von A und einem Schüler von B gebildet sind.

Die Menge aller Paare, deren erstes Element zu A und deren zweites zu B gehört, wird **Produkt der Mengen A und B** genannt, und man bezeichnet es mit $A \times B$.

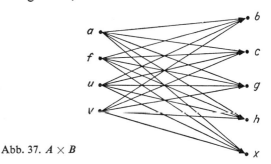

Abb. 37. $A \times B$

Mittels unserer Schnüre hätte das Produkt $A \times B$ durch ein Schema wie die nebenstehende Abb. 37 dargestellt werden können. Man hätte auch, gleichlautend mit unseren früheren Bezeichnungen, schreiben können

$$A \times B = \{(a, b),\ (a, c),\ (a, g),\ (a, h),\ (a, x),\ (f, b),\ (f, c),\ (f, g),\ (f, h),\ (f, x),$$
$$(u, b),\ (u, c),\ (u, g),\ (u, h),\ (u, x),\ (v, b),\ (v, c),\ (v, g),\ (v, h),\ (v, x)\}.$$

Es ist vorzuziehen, Ordnung in diese Bezeichnungen zu bringen und $A \times B$ wie eine Tabelle aufzuschreiben:

(a, b)	(f, b)	(u, b)	(v, b)
(a, c)	(f, c)	(u, c)	(v, c)
(a, g)	(f, g)	(u, g)	(v, g)
(a, h)	(f, h)	(u, h)	(v, h)
(a, x)	(f, x)	(u, x)	(v, x)

$A \times B$

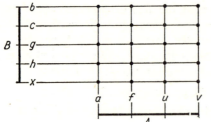

Abb. 38

In der obigen Tabelle gibt der Platz jedes Paares an, um welches Paar es sich handelt, z. B. ist das Paar, das sich in der zweiten Spalte und der dritten Reihe befindet, das Paar (f, g), da ja die Paare der zweiten Spalte alle mit f beginnen und alle der dritten Reihe auf g enden. Daraus ergibt sich das nebenstehende Schema, in dem jedes Paar klar durch einen Punkt des Vierecks gekennzeichnet ist.

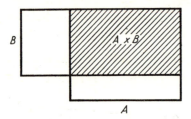

Abb. 39

Aufgabe: Gebt mit roter Farbe den Punkt an, der das Paar (f, g) darstellt! Markiert einen der Punkte des Schemas mit blau, und gebt an, welches Paar er bezeichnet!

Noch schematischer zeichnen wir manchmal das Produkt $A \times B$ wie in Abb. 39.

Aufgabe: Steckt ein Element α in A und ein Element β in B mit einer Nadel ab. Welcher Punkt des Schemas (Abb. 39) stellt das Paar (α, β) dar?

3. Relation und Produktmenge

Stellen wir uns wieder die Relation C von $A \times B$ vor. Wir haben gesehen, daß C als eine Menge von Paaren, die mit einem Element von A beginnen und auf ein Element von B enden, betrachtet werden konnte. Nun ist $A \times B$ die Menge aller Paare, die mit einem Element von A beginnen und mit einem Element von B enden.

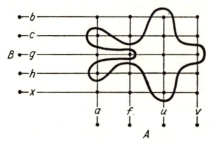

Abb. 40. $C \subset A \times B$

Also ist C eine Teilmenge von $A \times B$, und wir können schreiben

$$C \subset A \times B.$$

Wir müssen also C darstellen können als ein Gebilde im Schema $A \times B$ (Abb. 38). Machen wir uns daran, so erhalten wir Abb. 40.

Jede Relation von A in B ist eine Teilmenge von $A \times B$.

Betrachten wir wieder die Menge der Produkte $A \times B$. Schreiben wir jedes der Paare dieser Menge auf einen anderen Zettel. Wir erhalten auf diese Weise ein Spiel mit zwanzig Karten. Wir mischen sie gewissenhaft wie Spielkarten und heben dann einen Packen Karten ab, den wir R nennen. R ist eine Teilmenge von $A \times B$, und wir können schreiben:

$$R \subset A \times B.$$

Wenn wir die Karten von R prüfen, sehen wir, daß

$R = \{(v, h), (f, h), (f, g), (v, c), (a, b), (v, x), (u, b), (u, c), (u, h), (v, g), (v, b)\}.$

Anschaulich können wir diese Relation darstellen durch ein Gebilde in dem Schema der Abb. 38 und erhalten Abb. 41:

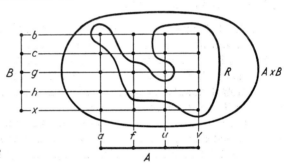

Abb. 41. $R \subset A \times B$

Man kann die Relation R ebenfalls mittels unserer Schnüre oder Pfeile verdeutlichen (Abb. 42):

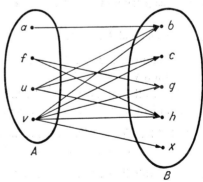

Abb. 42. Eine Relation

Also:

Jede Teilmenge von $A \times B$ definiert eine Relation von A in B.

4. Zusammenfassung und Ergänzungen

A und B seien beliebige Mengen, die disjunkt oder nicht disjunkt sein können. Jede Teilmenge R von $A \times B$ nennt man Relation zwischen A und B. Eine Relation zwischen A und B angeben, bedeutet nur, daß man eine Teilmenge des Produktes $A \times B$ angibt. Wenn $(a, b) \in R$, sagt man, daß das Paar (a, b) in der Relation R steht, und man schreibt aRb. Merken wir uns, daß $A \times B$ die Menge der Paare (a, b) ist, die in A beginnen und in B enden. Man kann dies auch so schreiben:

$$A \times B = \{(a, b) \mid a \in A \text{ und } b \in B\}.$$

Das Produkt $A \times B$ ist die Menge der Paare (a, b) mit $a \in A$ und $b \in B$.

5. Reziproke Relation

Die Relation $R \subset A \times B$ definiert auch eine Relation von B in A: Man nennt diese Relation von B in A die zu R **reziproke Relation** und bezeichnet sie mit R^{-1}. Man hat also

$$R^{-1} = \{(b, a) \mid (a, b) \in R\}.$$

6. Relationen in einer Menge

M sei eine beliebige Menge. Jede Teilmenge $R \subset M \times M$ ist, wie wir wissen, eine Relation von M in M. Man sagt kürzer, daß R eine in M definierte Relation ist. Nehmen wir an, daß R eine in M definierte Relation sei. Wir werden einige Eigenschaften aufzählen, die die in M definierten Relationen besitzen können oder nicht.

Die in M definierte Relation R wird dann und nur dann **reflexiv** genannt, wenn für jedes Element $x \in M$ gilt: xRx.

Die in M definierte Relation R wird dann und nur dann **symmetrisch** genannt, wenn für jedes Paar von Elementen $x, y \in M$ gilt: Aus xRy folgt yRx. Die in M definierte Relation R ist also dann und nur dann symmetrisch, wenn sie gleich ihrer Reziproken ist: $R = R^{-1}$.

Die in M definierte Relation R wird dann und nur dann **transitiv** genannt, wenn aus xRy und yRz folgt xRz.

7. Beispiele und Aufgaben

a) Bezeichnungen nach Kapitel 3. Die Beziehung „ist Element von" ist eine Relation von E in G.

b) Die Parallelität (Kapitel 3) ist eine Relation in G. Diese Relation ist **reflexiv** (denn jede Gerade ist zu sich selbst parallel), **symmetrisch** und **transitiv**.

> **Definition:** *Eine Relation in M, die gleichzeitig reflexiv, symmetrisch und transitiv ist, erhält den Namen Äquivalenzrelation in M.*

c) Die Parallelität ist eine in G definierte Äquivalenzrelation.

d) Das Senkrechtstehen ist eine in G definierte Relation. Diese Relation ist **symmetrisch**, aber **nicht reflexiv** (denn eine Gerade steht nicht auf sich selbst senkrecht) und **nicht transitiv**. Es seien $a \in \mathcal{G}$, $b \in \mathcal{G}$, $c \in \mathcal{G}$. Wir nehmen außerdem an, daß $a \perp b$ und $b \perp c$. Kann man daraus $a \perp c$ herleiten? Was kann man daraus herleiten?

e) R sei eine Relation zwischen A und B: $R \subset A \times B$. Die Restmenge $(A \times B) \setminus R$ ist die Menge der Paare von $A \times B$, die nicht zur Relation R gehören. Die Restmenge ist auch eine Teilmenge von $A \times B$, also eine Relation zwischen A und B.

$$(A \times B) \setminus R \subset A \times B.$$

Da $(A \times B) \setminus R$ die Menge der Paare von $A \times B$ ist, die nicht in der Relation stehen, sagt man ganz natürlich, daß $(A \times B) \setminus R$ die **Negation** von R ist. Man schreibt auch

$$(A \times B) \setminus R = \bar{R} = \neg R.$$

f) Betrachten wir wieder die Menge $\mathcal{G}$ der Geraden der Ebene. Wir sagen, daß zwei Geraden sich schneiden, wenn ihr Durchschnitt eine Menge ist, die aus genau einem Punkt besteht. Auf diese Weise hat man in $\mathcal{G}$ eine Relation definiert, die keine andere als die Negation von $\parallel$ ist.

g) M sei die Menge der Lebewesen. Die Relation

... hat als Bruder ...

ist **weder reflexiv, noch symmetrisch, noch transitiv**. Warum?

h) Die Relation

... hat als Bruder oder als Schwester ...

ist eine in M definierte **symmetrische** Relation. Sie ist weder reflexiv, noch transitiv.

i) Die in $\mathbb{Z} = \{0, 1, -1, 2, -2, \ldots\}$ definierte Relation $\leq$ ist reflexiv und transitiv, aber nicht symmetrisch. Wenn $a \leq b$ und $b \leq a$, so gilt $a = b$. Diese Eigenschaft nennt man **antisymmetrisch** oder **identitiv**.

Definition: *Jede Relation, die gleichzeitig reflexiv, transitiv und antisymmetrisch ist, nennt man Ordnungsrelation.*

j) Die Relation $\leq$ ist eine Ordnungsrelation in $\mathbb{Z}$.

k) Wenn a und b natürliche Zahlen sind, d. h. Elemente von

$$\mathbb{N}_0 = \{0, 1, 2, 3, \ldots\},$$

sagen wir, a teilt b, und wir schreiben $a \mid b$ dann und nur dann, wenn es ein $q \in \mathbb{N}_0$ gibt, so daß $b = a \cdot q$ ist.

Auf diese Weise hat man die Relation $\mid$ in $\mathbb{N}_0$ definiert. Wir können leicht zeigen, daß $\mid$ eine Ordnung ist. Man hat $1 \mid n$ für alle $n \in \mathbb{N}_0$. Es gilt auch $n \mid 0$ für alle $n \in \mathbb{N}_0$.

Die Relation „ist teilbar durch" ist die zu $\mid$ reziproke Relation und kann geschrieben werden als $\mid^{-1}$. Die negierte Eigenschaft ist $\not\mid^{-1}$. So gilt $2 \mid 8$, $9 \mid^{-1} 3$, $2 \not\mid 5$, $5 \not\mid^{-1} 2$.

1) Nehmen wir als Menge M die Menge der lebenden und toten Menschen.
Sind die Relationen

$$\ldots \text{hat als Vater} \ldots$$
$$\ldots \text{hat als Sohn} \ldots$$

reziprok?

Wenn x und y Elemente von M sind, schreiben wir

$$\begin{aligned} xVy &\quad \text{für} \quad \text{„}x \text{ hat als Vater } y\text{"} \\ xWy &\quad \text{für} \quad \text{„}x \text{ hat als Mutter } y\text{"} \\ xSy &\quad \text{für} \quad \text{„}x \text{ hat als Sohn } y\text{"} \\ xTy &\quad \text{für} \quad \text{„}x \text{ hat als Tochter } y\text{"}. \end{aligned}$$

Es sind V, W, S, T definierte Relationen zwischen M und M und somit Teilmengen von $M \times M$. In Symbolen:

$$V \subset M \times M \qquad\qquad S \subset M \times M$$
$$W \subset M \times M \qquad\qquad T \subset M \times M.$$

Da V, W, S, T Mengen sind, können wir die Vereinigung oder den Durchschnitt von einigen von ihnen betrachten. Nehmen wir z. B. die Vereinigung $V \cup W$. Was bedeutet $x(V \cup W)y$? $(x, y) \in V \cup W$! Das Element (x, y) gehört zur Vereinigung $V \cup W$ dann und nur dann, wenn es zu der einen oder anderen der Mengen gehört. Indem wir wiederholen und weiter fortschreiten, erhalten wir:

$$\begin{aligned} x(V \cup W)y &\leftrightarrow (x, y) \in V \cup W \\ &\leftrightarrow [(x, y) \in V] \text{ oder } [(x, y) \in W] \\ &\leftrightarrow xVy \text{ oder } xWy \\ &\leftrightarrow \text{„}x \text{ hat als Vater } y\text{" oder „}x \text{ hat als Mutter } y\text{"} \\ &\leftrightarrow x \text{ hat als Vater oder als Mutter } y. \end{aligned}$$

Die Vereinigung $V \cup W$ ist also die Relation

$$\ldots \text{hat als Vater oder Mutter} \ldots$$

Ebenso gilt:

$$\begin{aligned} x(S \cup T)y &\leftrightarrow (x, y) \in S \cup T \\ &\leftrightarrow (x, y) \in S \text{ oder } (x, y) \in T \\ &\leftrightarrow xSy \text{ oder } xTy \\ &\leftrightarrow x \text{ hat als Sohn oder als Tochter } y. \end{aligned}$$

Der Vereinigung $S \cup T$ entspricht also die Relation

$$\ldots \text{hat als Sohn oder Tochter} \ldots$$

Es ist ganz klar, daß der Mensch y dann und nur dann der Vater oder die Mutter von x ist, wenn x Sohn oder Tochter von y ist. In Symbolen:

$$x(V \cup W)y \leftrightarrow y(S \cup T)x.$$

Es sind $V \cup W$ und $S \cup T$ also reziproke Relationen, daher ist es uns erlaubt zu schreiben:
$$(V \cup W)^{-1} = S \cup T$$
$$(S \cup T)^{-1} = V \cup W.$$

m) Man nimmt die obigen Bezeichnungen wieder auf. Keine der Relationen V, W, S, T ist reflexiv, symmetrisch oder transitiv.

n) Dieselben Bezeichnungen wie oben. Es gilt

$$V \cap V^{-1} = \emptyset \qquad S \cap S^{-1} = \emptyset$$
$$W \cap W^{-1} = \emptyset \qquad T \cap T^{-1} = \emptyset$$

p) Dieselben Bezeichnungen wie oben.
$$V \cap W = \emptyset, \quad \text{warum?}$$
$$V \cap S = \emptyset, \quad \text{warum?}$$

q) Der Ausdruck
$$\ldots \text{hat als Doppeltes} \ldots$$

definiert eine Relation in der Menge der reellen Zahlen $\mathbb{R}$. Wenn x und y reelle Zahlen sind und wenn x als Doppeltes y hat, so gilt $y = 2x$. Die betreffende Relation wird also definiert durch die Menge der Paare

$$\{(x, y) \mid y = 2x\} \subset \mathbb{R} \times \mathbb{R}.$$

Diese Menge kann auch geschrieben werden als

$$\{(x, 2x) \mid x \in \mathbb{R}\}.$$

„Die Menge der Paare $(x, 2x)$, in der x die Menge $\mathbb{R}$ durchläuft."

8. Von der Relation zur Funktion

Betrachten wir die Relation R zwischen A und B, die definiert wird durch Abb. 43. Welche Besonderheit besitzt diese Relation? Jeder Schüler der Menge A hält nur eine einzige Schnur! Man sagt in diesem Falle, daß die Relation R eine **Funktion** oder **Abbildung** von A in B ist. Man schreibt

$$R: A \to B.$$

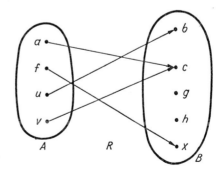

Abb. 43. Eine Funktion

Der Schüler Peter hat sofort beobachtet, daß diese Besonderheit nicht in umgekehrter Richtung gilt: Es ist nicht wahr, daß jeder Schüler von B nur eine einzige Schnur hält. Anders gesagt: **Die reziproke Relation R^{-1} ist keine Funktion.**

Peter hat sich sofort angeboten, die vorliegende Lage ein wenig abzuändern, um eine Relation zu erhalten, die eine Funktion der beiden Richtungen ist. Zu diesem Zweck hat man den Schüler h ausgeschlossen, und man hat den Endpunkt der Schnur, die von v ausgeht, geändert. Diesmal gilt: Die Relation R' ist eine Funktion

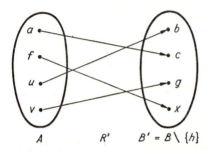

Abb. 44. Eine Bijektion

in beiden Richtungen. Besser gesagt: „**Die Relationen R' und ihre Reziproke sind Funktionen**". Man würde in diesem Falle gern sagen, daß R' eine Bifunktion ist. Die Mathematiker sagen aber gewöhnlich: R' ist eine Bijektion.

Betrachten wir noch einmal die Abb. 44. Jeder Schüler von A hält das Ende einer einzigen Schnur in der Hand, ebenso jeder Schüler von B'. Sind die Schnüre noch unentbehrlich? Nein! Es genügt, daß jeder Schüler demjenigen die Hand gibt, der dieselbe Schnur hält wie er selbst. Der Bequemlichkeit halber geben die Schüler von A die linke und die von B' die rechte Hand. Man erhält so eine ziemlich verworrene Situation, die man aber leicht entwirrt, indem man die Hände losläßt. Es ist unnötig, in der Gruppe stehen zu bleiben. Die Schüler können paarweise spazierengehen, denn in A waren ebenso viele Schüler wie in B'.

9. Funktionen

Wir haben die folgende **Definition:** Eine Relation $R \subset A \times B$ von A in B ist dann und nur dann eine Funktion, wenn jedes Element von A eine und nur eine Schnur mit einem Element von B teilt. Eine Schnur bedeutet ein Paar einer Relation. Also:

Definition: *Eine Relation $R \subset A \times B$ ist dann und nur dann eine Funktion, wenn für jedes Element $a \in A$ ein und nur ein Paar von R existiert, das mit a beginnt.*

Es sei $f \subset A \times B$ eine Funktion von A in B. Wir werden die Tatsache, daß die Relation $f \subset A \times B$ eine Funktion ist, angeben, indem wir schreiben:

$$f: A \to B.$$

Da f eine Funktion ist, weiß man, daß für jeden Gegenstand $a \in A$ ein und nur ein Paar von f existiert, das mit a beginnt. (a, b) sei das Paar von f, das mit a beginnt:

$$(a, b) \in f, \quad b \in B.$$

Das zweite Element b des einzigen Paares von f, das mit a beginnt, ist völlig bestimmt durch f und a. Wir halten diese Tatsache fest, indem wir schreiben

$$b = f(a).$$

Man sagt, b ist der Wert von f an der Stelle a. Also

$$f = \{(a, f(a)) \mid a \in A\}.$$

10. Beispiele für Funktionen

a) Siehe S. 42. Ist die Relation V eine Funktion? (Ja, denn von jedem Menschen geht eine und nur eine einzige Schnur aus, die ihn an seinen Vater bindet.) Wie formuliert man dies genauer? Die Relation W ist eine Funktion. Die Relationen S und T sind keine Funktionen. Die Relationen V und W sind keine Bijektionen.

b) S. 17ff. Die Relation, „ist Element von", von $\mathbb{E}$ in $\mathbb{G}$ ist keine Funktion. Warum nicht?

c) S. 21. Die Parallelität ist keine Funktion $\mathbb{G} \to \mathbb{G}$.

d) Das Senkrechtstehen $\perp$ ist keine Funktion $\mathbb{G} \to \mathbb{G}$.

e) Die Relation R

... hat als Doppeltes ...

ist definiert durch die Menge

$$D = \{(x, 2x) \mid x \in \mathbb{R}\} \subset \mathbb{R} \times \mathbb{R}.$$

Diese Relation ist eine Bijektion, denn D und D^{-1} sind Funktionen. Es gilt:

$$D^{-1} = \{(x, \tfrac{1}{2}x); \; x \in \mathbb{R}\} \subset \mathbb{R} \times \mathbb{R}.$$

VI. Die Gerade und die reellen Zahlen

1. Die angeordnete Gerade

Betrachten wir die Gerade r, die wir als Modell für alle Geraden nehmen wollen. Wir wissen, daß r eine Menge von Punkten ist. Wir wissen auch, daß diese Menge unendlich ist. A und B seien verschiedene Punkte von r:

$$A \in r, \qquad B \in r, \qquad A \neq B.$$

Wenn die Gerade vertikal vor mir steht, kann ich sagen, welcher der Punkte A oder B höher liegt als der andere. Dieses ist keine Beziehung zwischen den Punkten der Geraden, die definiert wird durch die Gerade selbst. Die Beziehung ist abhängig von der relativen Lage der Geraden und der des Beobachters, der mit den Füßen auf der Erde steht (und der es weiß!). Wenn die Gerade horizontal vor mir liegt, werde ich sagen, daß einer der Punkte A oder B vor dem anderen liegt. Aber unser arabischer Freund, Mohammed Ben Youssef Ali, ist nicht derselben Meinung. Um uns zu einigen, wenden wir uns an die erlesene Chinesin Li Tou Tschou. Diese erklärt uns, um entscheiden zu können, ob einer der Punkte vor dem anderen liegt, ist es nötig, die Gerade vertikal zu legen!

Also ist die Relation

$$\ldots \text{ ist vor } \ldots$$

keine Relation zwischen den Punkten der Geraden, die ausschließlich durch diese definiert wird. Um festzusetzen, daß ein Punkt vor dem anderen liegt, benutzt jeder Beobachter seine eigenen Vorurteile oder Gewohnheiten und besonders die konventionellen Schreibweisen. Man hat den kleinen deutschen ABC-Schützen gelehrt, von links nach rechts zu schreiben, die liebenswürdige Chinesin jedoch, von oben nach unten, und Mohammed Ben Youssef malt seine Zeichen von rechts nach links.

Dennoch ist eine Ordnungsbezeichnung fast definiert auf der Geraden r. Nehmen wir an, daß ich erkläre: „A ist vor B". Nehmen wir jetzt zwei andere Beobachter, einen, der mit mir gleicher Meinung ist, und einen anderen mit entgegengesetzter Meinung. Nennen wir den Beobachter, der auch erklärt: „A ist vor B", Hans, und denjenigen, der dazu im Gegensatz erklärt: „B ist vor A", Peter. Die Lage sieht also folgendermaßen aus:

Ich erkläre:	Hans erklärt:	Peter erklärt:
A ist vor B	A ist vor B	B ist vor A

Es seien C und D zwei weitere verschiedene Punkte von r.

$$C \in r, \qquad D \in r, \qquad C \neq D.$$

Zwei sich gegenseitig ausschließende Fälle bieten sich an:

Ich erkläre:	Hans erklärt:	Peter erklärt:
C ist vor D	C ist vor D	D ist vor C

oder

Ich erkläre:	Hans erklärt;	Peter erklärt:
D ist vor C	D ist vor C	C ist vor D

Anders gesagt: „Alle sind sich einig über die Anordnung aller Punkte der Geraden, sobald man sich einig ist über die Anordnung zweier ihrer Punkte!"

Anstatt „A ist vor B" auszuschreiben, werden wir künftig schreiben:

$$A < B,$$

wofür man sagt

„A ist (verschieden von B und) vor B"
„A ist (verschieden von B und) kleiner als B".

Nehmen wir ein für allemal zwei verschiedene Punkte auf der Geraden r. Nennen wir sie 0 und 1, und treffen wir die Vereinbarung

$$0 < 1.$$

Abb. 45

Diese Vereinbarung reicht aus, um eine Anordnung auf der Geraden r festzulegen. Von nun an wird man für $x \in r$ und $y \in r$ eine und nur eine der drei Möglichkeiten haben:

$$x < y$$
$$x = y$$
$$y < x.$$

Wenn nicht $y < x$ gilt, so muß $x = y$ oder $x < y$ gelten, was man noch kürzer darstellen kann in der Form

$$x \leqslant y.$$

Fassen wir kurz unsere Vereinbarungen zusammen:

$$x \leqslant y \Leftrightarrow x < y \quad \text{oder} \quad x = y$$
$$x < y \Leftrightarrow x \leqslant y \quad \text{und} \quad x \neq y.$$

2. Abgeschlossene und offene Halbgeraden

Betrachten wir die angeordnete Gerade $(r, \leqslant)$.

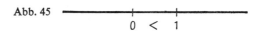

Abb. 46. Angeordnete Gerade

A sei ein Punkt von r. Dieser Punkt definiert die beiden **abgeschlossenen Halbgeraden**

$$d_1 = \{x \in r \mid x \leqslant A\}$$
$$d_2 = \{x \in r \mid A \leqslant x\}$$

und die beiden offenen **Halbgeraden**

$$d_3 = \{x \in r \mid \quad x < A\}$$
$$d_4 = \{x \in r \mid \quad A < x\}.$$

Diese Halbgeraden oder Strahlen werden „Halbgeraden mit dem Ursprung a" genannt.

d_1 ist die Menge der Punkte, die vor A liegen, A eingeschlossen,
d_2 ist die Menge der Punkte, die hinter A liegen, A eingeschlossen,
d_3 ist die Menge der Punkte, die vor A liegen, A ausgeschlossen,
d_4 ist die Menge der Punkte, die hinter A liegen, A ausgeschlossen.

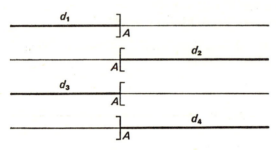

Abb. 47. Halbgeraden

Aufgaben:

1. $d_1 \cap d_2 = \{A\}$
2. $d_1 \cup d_2 = r$
3. $d_3 \cap d_4 = \emptyset$
4. $d_3 \cup d_4 = r \setminus \{A\}$
5. $d_1 \cap d_4 = \emptyset$
6. $d_1 \cup d_4 = r$
7. $\{d_1, d_4\}$ ist eine Klasseneinteilung von r
8. $\{d_2, d_3\}$ ist eine Klasseneinteilung von r
9. $d_3 \subset d_1$
10. $d_4 \subset d_2$
11. $r \setminus d_1 = d_4$
12. $r \setminus d_2 = d_3$
13. $r \setminus d_3 = d_2$
14. $r \setminus d_4 = ?$

3. Abgeschlossene, offene und halboffene Intervalle

A und B seien verschiedene Punkte von r, $\leq$ und es gelte

$$A \leq B.$$

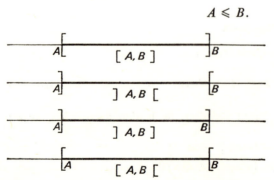

Abb. 48. Intervalle

Abgeschlossenes Intervall mit den Endpunkten A und B nennt man die Menge $[A, B]$, die definiert ist durch

$$[A, B] = \{x \in r \mid A \leq x \leq B\}.$$

Ebenso ist $]A, B[$

$$]A; B[= \{x \in r \mid A < x < B\}$$

das offene Intervall mit den Endpunkten A und B. Schließlich kann man die halboffenen Intervalle betrachten:

$$]A; B] = \{x \in r \mid A < x \leq B\}.$$
$$[A; B[=$$

Aufgabe 15. Vervollständige die letzte Gleichung!

Aufgabe 16. Stellt jedes der Intervalle $[A; B]$, $[A; B[$, $]A; B]$, $]A; B[$ als Durchschnitte von Halbgeraden dar!

4. Die ganzen Zahlen $\mathbb{Z}$

Wir können die Gerade r durch Striche, die in gleichmäßigen Abständen aufeinanderfolgen, einteilen.

Abb. 49

Im besonderen betrachten wir die Einteilung, die 0 und 1 als aufeinanderfolgende Striche enthält:

Abb. 50

Dann können wir die Punkte der Einteilung beziffern, und wir erhalten:

Abb. 51. Zahlengerade

Es gilt also

$$\ldots < -5 < -4 < -3 < -2 < -1 < 0 < 1 < 2 < 3 < 4 < 5 < 6 < 7 < \ldots$$

Außerdem befindet sich jeder Punkt der Geraden zwischen zwei Punkten dieser Einteilung. Anders gesagt, jeder Punkt von r gehört zu einem abgeschlossenen Intervall

$$[Z;\quad Z+1].$$

Zum Beispiel:

$\frac{7}{2} \in [3; 4]$, $\pi \in [3; 4]$, $27{,}5 \in [27; 28]$, $2 \in [1; 2]$, $2 \in [2; 3]$.

Wir haben im besonderen gesehen, daß gewisse Punkte von r zu zwei Abschnitten gehören. Das können nur die Punkte der Einteilung selbst sein.

Die Punkte oder Zahlen 0, 1, —1, 2, —2, 3, —3, . . . *erhalten den Namen ganze rationale Zahlen, und ihre Menge wird mit* $\mathbb{Z}$ *bezeichnet. Also:*

$$\mathbb{Z} = \{0, 1, -1, 2, -2, 3, -3, \ldots\}.$$

Bemerkung: Wir werden später sehen, wie eine solche Einteilung realisiert wird. Wir haben ohne Kommentar Bezeichnungen wie „27" benutzt, die vom **dezimalen Zählen** herkommen. Später werden wir Gelegenheit haben, diese Frage genauer zu untersuchen.

Aufgabe 17. Die Menge der halboffenen Intervalle

..., [—7; —6[, [—6; —5[, [—5; —4[, [—4; —3[, [—3; —2[,
[—2; —1[, [—1; 0[, [0; 1[, [1; 2[, [2; 3[, [3; 4[, [4; 5[, ...

liefert eine Klasseneinteilung der Menge *r*.

5. Dezimale Unterteilungen von *r*

Weiß man, daß die Zahl x zum Abschnitt $[Z; Z + 1]$ gehört, so kennt man x höchstens auf eine Einheit genau. Man kann größere Genauigkeit für die Festlegung von x fordern. Zu diesem Zweck werden wir jedes der vorliegenden abgeschlossenen Intervalle in zehn gleiche Intervalle unterteilen. Wir stellen auf:

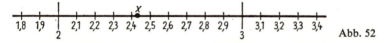

Abb. 52

Wir werden später sehen, wie man vorgehen muß, um praktisch eine solche Unterteilung durchzuführen.

Wenn ich weiß, daß $x \in [2; 3]$, so kenne ich x nur auf eine Einheit genau. Diese Tatsache zeige ich an, indem ich schreibe

$$x = 2, \ldots$$

Diese Schreibweise enthält die Definition:

$$2, \ldots \in [2; 3].$$

Abb. 52 ist eine photographische Vergrößerung eines Bruchstückes der Abb. 51 Diesmal stellen wir fest, daß

$$x \in [2,4; 2,5]$$

oder

$$x = 2,4 \ldots$$

Machen wir eine neue photographische Vergrößerung des Bruchstückes der Abb. 52, das uns interessiert,

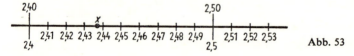

Abb. 53

so sieht man, daß
oder
$$x \in [2{,}43; 2{,}44]$$
$$x = 2{,}43\ldots \text{ usw.}$$

Im Anschluß an die erste Unterteilung in **Einer** setzen wir die Unterteilung in **Zehntel, Hundertstel** und **Tausendstel** fort.

Wenn $x \neq y$ verschiedene Punkte von r sind, wird man immer eine feine Unterteilung finden, so daß x und y zu disjunkten abgeschlossenen Intervallen dieser Einteilung gehören. Anders gesagt: wenn man den unten angegebenen Vorgang auf die Punkte x und y anwendet, kommt man zu einer Lage, wo die neuen Dezimalzahlen für x und y verschieden sind, z. B.

$$x = 2,\ldots \qquad y = 2,\ldots$$
$$x = 2{,}4\ldots \qquad y = 2{,}4\ldots$$
$$x = 2{,}43\ldots \qquad y = 2{,}43\ldots$$
$$x = 2{,}437\ldots \qquad y = 2{,}437\ldots$$
$$x = 2{,}4372\ldots \qquad y = 2{,}4379\ldots$$

Wir haben gesehen, daß man die Lage eines Punktes auf der Geraden r, auf der man vorher zwei verschiedene Punkte 0 und 1 festgelegt hat, mittels eines **unendlichen Dezimalbruches** präzisieren kann. Die Folge der Ziffern in diesem Ausdruck bestimmt eine Folge von abgeschlossenen Intervallen. Jedes Intervall enthält alle folgenden. Wir haben gesehen, daß zwei verschiedene Punkte Anlaß geben zu verschiedenen Folgen.

Umgekehrt bestimmt jede Dezimalfolge

$$2{,}34576902854361294\ldots \qquad (1)$$

eine Folge von Intervallen, die jeweils die nachfolgenden Intervalle enthalten. Wir wissen, daß der Durchschnitt dieser Unendlichkeit von Intervallen höchstens **einen Punkt** umfaßt. Wir machen die Annahme, daß ein solcher Durchschnitt nicht leer ist. Er ist also reduziert auf einen einzigen **Punkt**, der durch die Folge $2{,}34576\ldots$ definiert ist.

6. Zusammenfassung

Eine Gerade r ist gegeben, und man markiert dort zwei verschiedene Punkte 0 und 1. Hiervon ausgehend, kann jeder Punkt der Geraden bestimmt werden durch eine Dezimalfolge. Umgekehrt definiert jede Dezimalfolge einen und nur einen Punkt von r.

Wenn x der durch die Dezimalfolge (1) bestimmte Punkt ist, wird man schreiben:

$$x = 2{,}34576902854361294 \text{ usw.}$$

Kann es passieren, daß zwei verschiedene Dezimalfolgen denselben Punkt definieren? Um die Begriffe festzulegen, betrachten wir zwei verschiedene Folgen, deren Anfang wir wiedergeben:

$$2{,}345790134a\ldots$$
$$2{,}345790134b\ldots$$

mit $a, b \in \{0, 1, 2, 3, 4, 5, 6, 7, 8, 9\}$ und $a \neq b$.

Welchen Bedingungen müssen die Ziffern a und b genügen, damit die beiden Folgen denselben Punkt $x \in r$ definieren?

Der Punkt x gehört zum kleinen abgeschlossenen Abschnitt $2{,}3\ldots 4a\ldots$
und zum kleinen abgeschlossenen Abschnitt $2{,}3\ldots 4b\ldots$

Da $a \neq b$, sind diese Abschnitte verschieden. Es ist also unerläßlich, daß sie aufeinanderfolgen und daß x ihr Durchschnittspunkt ist.

Zum Beispiel:
$$x = 2{,}3457902435\ldots$$
$$x = 2{,}3457902436\ldots$$

Der Punkt x ist der letzte Punkt des Abschnitts $2{,}3457902435\ldots$ und der erste Punkt des Abschnitts $2{,}3457902436\ldots$ Man findet also im Verlauf der späteren

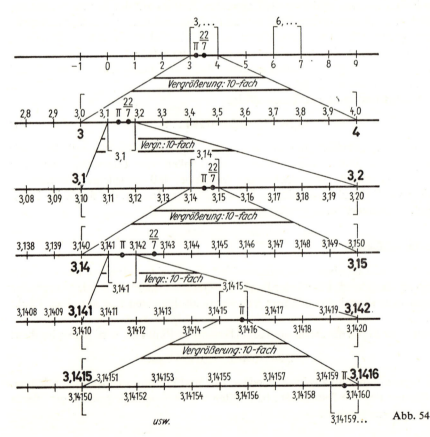

Abb. 54

Unterteilungen im ersten Falle eine Folge von Neunen und im zweiten Falle eine Folge von Nullen, wobei

$$2{,}34579024359999 \text{ usw.} = 2{,}3457902436000 \text{ usw.}$$

Beispiel: Die Zahl π.

$\{\pi\} = 3, \ldots \cap 3{,}1 \ldots \cap 3{,}14 \ldots \cap 3{,}141 \ldots \cap 3{,}1415 \ldots \cap 3{,}14159 \ldots \cap$ usw.
$\pi = 3{,}14159$ usw.

Aufgaben und Beispiele:

18. Es gilt:

$$\begin{array}{llll} 2 \leqslant 2, & 2 \leqslant 3, & 2 < 3, & 3 \leqslant 3, \\ 2 = 2, & 2 \neq 3, & 3 \neq 2, & 3 = 3. \end{array}$$

19. Für jedes a gilt:

$$\begin{array}{ll} a \leqslant a, & a = a. \\ a \leqslant a+1 & a \neq a+1 \quad a < a+1. \end{array}$$

20. Man definiert, daß man $x \geqslant y$ anstelle von $y \leqslant x$ schreiben kann. Also:

$$x \geqslant y \Leftrightarrow y \leqslant x$$

z. B.

$$3 \geqslant 2 \Leftrightarrow 2 \leqslant 3.$$

21. Ebenso definiert man

$$x > y \Leftrightarrow y < x.$$
$$3 > 2 \Leftrightarrow 2 < 3.$$

Also:

22. Es gilt:

$$x > y \Leftrightarrow x \geqslant y \quad \text{und} \quad x \neq y.$$

23. Es gilt:

$$\begin{array}{l} \tfrac{1}{3} = 0{,}33333\ldots \\ \tfrac{1}{4} = 0{,}250000\ldots \\ \tfrac{1}{4} = 0{,}249999\ldots \\ \tfrac{4}{7} = 0{,}5714285714285714285714\ldots \end{array}$$

VII. Ebene analytische Geometrie

1. Koordinaten

Wir wissen, daß jede Relation zwischen einer Menge A und einer Menge B dargestellt werden kann durch eine Teilmenge des Produkts $A \times B$; die Teilmenge des Produkts $A \times B$, die die Relation S zwischen A und B vertritt, besteht aus der Menge der Paare, die in der Relation S stehen.

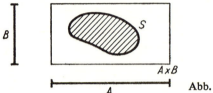

Abb. 55. Relation S

Benutzen wir dieselbe Methode, um die Relation

... hat als Doppeltes ...

darzustellen, die definiert ist von $I\!R$ in $I\!R$, wo $I\!R$ die Menge der reellen Zahlen bezeichnet. Beginnen wir damit, das Produkt $I\!R \times I\!R$ darzustellen, d. h. die Menge aller Paare von reellen Zahlen. Zu diesem Zweck zeichnen wir die Gerade (die hier die Rolle der Menge A spielt) horizontal.

 Abb. 56

Da die horizontale Gerade in beiden Richtungen unbegrenzt ist, ist es uns möglich, die Menge $I\!R$ ein zweitesmal darzustellen durch eine vertikale Gerade, wie wir es in Abb. 55 für B gemacht hatten.

Es erschien uns vernünftig, die neue Gerade so zu legen, daß sie durch 0 der ersten Geraden hindurchgeht (Abb. 57).

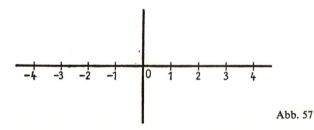

Abb. 57

Es handelt sich nun darum, diese neue Gerade einzuteilen. Zuerst müssen wir einen ihrer Punkte als 0 aussuchen. Da der Durchschnitt der beiden Geraden der Abb. 57 bereits für die erste Gerade als 0 diente, fanden wir es bequem, diesen Punkt ebenfalls für die zweite Gerade als 0 zu nehmen.

Wir fanden es ganz natürlich, die horizontale Gerade von links nach rechts anzuordnen, da wir ja von links nach rechts schreiben. Ebenso hielten wir es für logisch, die vertikale Gerade von oben nach unten anzuordnen, da wir ja von oben nach unten schreiben. Aber man hat uns darauf hingewiesen, daß die Mathematiker die übliche Einteilung von Thermometern übernommen haben. So haben wir schließlich die Vereinbarungen auf das untenstehende Schema übertragen (Abb. 58).

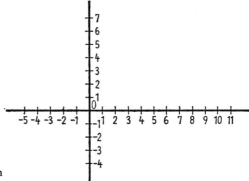

Abb. 58. Koordinatensystem

Zwischen 0 und 1 haben wir auf beiden Geraden dieselbe Entfernung abgetragen. Jedes Paar von Zahlen definiert jetzt einen und nur einen Punkt auf dem Blatt. Umgekehrt definiert jeder Punkt des Blattes ein und nur ein Paar von Zahlen. Daher werden wir – um Zeit zu sparen – Zahlenpaar und Punkt der Ebene identifizieren.

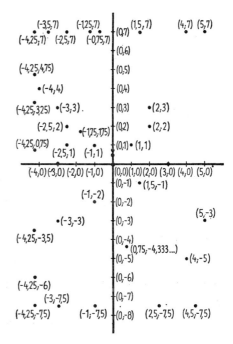

Abb. 59. Punkte im Koordinatensystem

Tragen wir in die Zeichnung die folgenden Punkte ein (Abb. 59:

(5; —3), (3; 0), (—1; —2), (—3; 0), (—3,5; 7), (—2,5; 7), (—1,25; 7), (—0,75; 7), (—3; 3), (—1,75; 1,75), (—1; 1), (1,5; 7), (4; 7), (5; 7), (4; —5), (2; 3), (0; 0), (1; 1), (2; 2), (—3; —3), (—4,25; —3,5), (—4,25; —6), (—4,25; —7,5), (—3; —7,5), (—1; —7,5), (2,5; —7,5), (0; 0,5), (1,5; —1), (0,75; —4,333 . . .), (—2,5; 1), (—2,5; 2), (0; 0,75), (—4,25; 7), (—4,25; 3,25), (—4,25; 4,75), (—4,25; 0,75), (—4; 4), (4,5; —7,5).

Diese Beispiele geben schon Stoff für zahlreiche Beobachtungen! Stecken wir jetzt willkürlich Punkte auf dem Blatt ab und bestimmen ihre K o o r d i n a t e n , d. h. das dargestellte Zahlenpaar.

Welches ist die Teilmenge von $\mathbb{R} \times \mathbb{R}$, die die Relation

... hat als Doppeltes ...

darstellt?

Es ist die Menge von Paaren, deren zweite Zahl das Doppelte der ersten ist. Es ist die Menge von Paaren $(x, y) \in \mathbb{R} \times \mathbb{R}$, wobei y das Doppelte von x ist. Es ist die Menge von Paaren $(x, y) \in \mathbb{R} \times \mathbb{R}$, wobei $y = 2x$. Es ist die Menge von Paaren $(x; y) \in \mathbb{R} \times \mathbb{R}$ mit $2x - y = 0$. Kurz gesagt, es ist die Menge der Paare $(x; y)$ mit $2x - y = 0$. Das ist

$$\{(x; y) \in \mathbb{R} \times \mathbb{R} \mid y = 2x\} = \{(x; y) \in \mathbb{R} \times \mathbb{R} \mid 2x - y = 0\}.$$

Ganz einfach schreibt man auch

$$\{(x; y) \mid 2x - y = 0\}.$$

Es gilt $2 \cdot 2 - 4 = 0$, daher $(2, 4) \in \{(x; y) \mid 2x - y = 0\}$
Es gilt $2 \cdot 1 - 2 = 0$, daher $(1, 2) \in \{(x; y) \mid 2x - y = 0\}$
Es gilt $2 \cdot 3 - 6 = 0$, daher $(3, 6) \in \{(x; y) \mid 2x - y = 0\}$
Es gilt $2 \cdot \frac{1}{2} - 1 = 0$, daher $(\frac{1}{2}, 1) \in \{(x; y) \mid 2x - y = 0\}$
Es gilt $2 \cdot \frac{3}{2} - 3 = 0$, daher $(\frac{3}{2}, 3) \in \{(x; y) \mid 2x - y = 0\}$
Es gilt $2 \cdot (-\frac{5}{2}) - (-5) = 0$, daher $(-\frac{5}{2}; -5) \in \{(x; y) \mid 2x - y = 0\}$
Es gilt $2 \cdot (-\frac{1}{3}) - (-\frac{2}{3}) = 0$, daher $(-\frac{1}{3}; -\frac{2}{3}) \in \{(x; y) \mid 2x - y = 0\}$.

Die Menge $\{(x; y) \mid 2x - y = 0\}$ ist eine Gerade (Abb. 60)!

Es gilt $2 \cdot 0 - 0 = 0$, daher $(0; 0) \in \{(x; y) \mid 2x - y = 0\}$.

Für die Relation

... hat als Dreifaches ...

geht man entsprechend vor. Wir erhalten als dargestellte Menge wieder eine Gerade (Abb. 61):

$$\{(x; y) \mid 3x - y = 0\}.$$

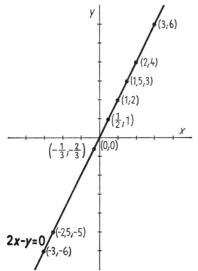

Abb. 60. Relation... hat als Doppeltes   Abb. 61. Relation... hat als Dreifaches

Welches ist der Punkt (2; ?), der zu der Geraden
$$\{(x;y) \mid 3x - y = 0\}$$
gehört?

Welches ist der Punkt (?; 7), der zu der Geraden
$$\{(x;y) \mid 3x - y = 0\}$$
gehört?

Es gilt (Abb. 62)
$$\{(x;y) \mid y = 5x\} = \{(x;y) \mid 5x - y = 0\}$$
$$\{(x;y) \mid y = x\} = \{(x;y) \mid x = y\} = \{(x;y) \mid x - y = 0\}.$$

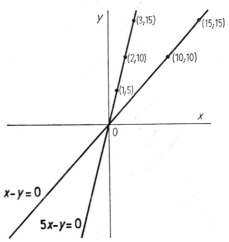

Abb. 62. Zwei Geraden

Diese beiden Mengen sind auch Geraden, und die zweite ist die Winkelhalbierende der senkrechten Geraden, die wir anfangs festgelegt haben und die wir künftig die **Bezugsachsen** oder **Koordinatenachsen** x und y nennen wollen.

2. Spiegelungen an der ersten Symmetralen

Vertauschen wir die Rollen der beiden Achsen (Abb. 63):

$$(2,3) \longrightarrow (3,2)$$
$$(3,2) \longrightarrow (2,3)$$
$$(1,-1) \rightleftarrows (-1,1)$$
$$(-2,3) \rightleftarrows (3,-2)$$
$$(0,0) \longrightarrow (0,0)$$
$$(0,1) \rightleftarrows (1,0)$$
$$(a,b) \rightleftarrows (b,a)$$
$$(x,y) \rightleftarrows (y,x)$$
$$(2,2) \longrightarrow (2,2).$$

Die so in der Menge $\mathbb{R} \times \mathbb{R}$ der Punkte der Ebene definierte Relation „Achsenvertauschen" ist eine **Abbildung** dieser Menge in sich, die symmetrisch in bezug auf „die" Winkelhalbierende der Achsen x und y ist.

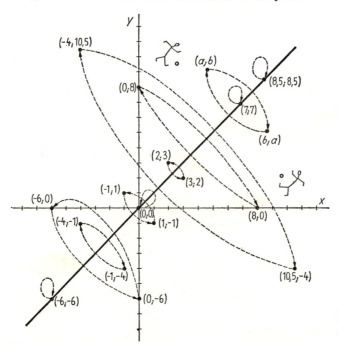

Abb. 63. Spiegelung an der Winkelhalbierenden $x - y = 0$

Das Bild der Menge der Punkte des kleinen Fußballspielers bei der **Spiegelung an der ersten Winkelhalbierenden** $(x, y) \to (y, x)$ ist wieder ein kleiner Fußballspieler. Es ist der kleine Fußballspieler, den der erste in einem Spiegel, der vertikal entlang der Winkelhalbierenden steht, sieht. Beachten wir, daß wir keineswegs festgelegt haben, welcher dieser kleinen Fußballspieler „der erste" war. Aber dieses hat auch keine Bedeutung! Warum?

Die Winkelhalbierende $\{(x; y) \mid x - y = 0\}$ bleibt fest bei der Symmetrie
$$(x; y) \to (y; x).$$

Man will damit sagen, daß jeder Punkt der Winkelhalbierenden bei dieser Spiegelung Urbild und Bild zugleich ist.

$$(2; 2) \longrightarrow (2; 2)$$
$$(\tfrac{1}{2}; \tfrac{1}{2}) \longrightarrow (\tfrac{1}{2}; \tfrac{1}{2})$$
$$(k; k) \longrightarrow (k; k)$$
$$(0; 0) \longrightarrow (0; 0)$$

3. Spiegelung an der *x*-Achse

Untersuchen wir jetzt die Spiegelung an der *x*-Achse (Abb. 64):
Es gilt:

$$(3; 4) \longrightarrow (3; -4)$$
$$(3; -4) \longrightarrow (3; 4)$$
$$(a; b) \rightleftarrows (a; -b)$$
$$(a; 0) \rightleftarrows (a; 0).$$

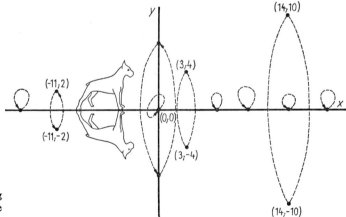

Abb. 64. Spiegelung an der *x*-Achse

Welches ist das Bild der *y*-Achse in dieser Abbildung? Wie charakterisiert man die *y*-Achse durch Zahlenpaare? Die *y*-Achse ist die Menge der Punkte
$$\{(0; y) \mid y \in \mathbb{R}\} = \{(x; y) \mid x = 0\}.$$

Die y-Achse ist die Menge der Punkte, die durch die Gleichung $x = 0$ definiert sind. Kürzer ausgedrückt ist es die Menge von Punkten, die mit 0 beginnen. Es gilt:

$$(0; 2) \rightleftarrows (0; -2)$$
$$(0; 3) \rightleftarrows (0; -3)$$
$$(0; -7) \rightleftarrows (0; 7)$$
$$(0; 0) \rightleftarrows (0; 0).$$

Man kann nicht sagen, daß die y-Achse bei der Abbildung $(x; y) \rightarrow (x; -y)$ fest bleibt, denn $(0; 0)$ ist der einzige Punkt dieser Achse, der bei dieser Symmetrie fest bleibt. Aber das Bild der Menge der Punkte, die diese Achse bilden, ist die Menge selbst, obwohl die Punkte dieser Geraden durch die Symmetrie vertauscht worden sind.

Im Gegensatz dazu bleibt die x-Achse fest bei dieser Symmetrie; sie ist eine Fixgerade. Die Spiegelung $(x; y) \rightarrow (x, -y)$ transformiert die Gerade $\{(x; y) \mid 2x - y = 0\}$ in die Menge $\{(x; y) \mid 2x + y = 0\}$, die also eine neue Gerade ist. Noch allgemeiner sind die Ergebnisse, die in der folgenden Abbildung enthalten sind (Abb. 65).

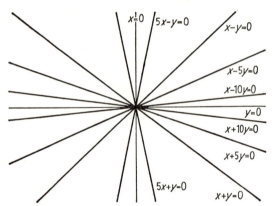

Abb. 65. Spiegelung an der x-Achse

Es sei (a, b) ein Punkt, der nicht auf einer der Achsen liegt. Zeichnen wir die Gerade, die $(0; 0)$ und $(a; b)$ verbindet (Abb. 66).

Wenn $(c; d)$ zu dieser Geraden gehört, so gilt

$$\frac{a}{c} = \frac{b}{d}$$

oder

$$bc - ad = 0.$$

Somit gilt

$$(c; d) \in \{(x; y) \mid bx - ay = 0\}.$$

Wenn

$$(p; q) \in \{x; y) \mid bx - ay = 0\},$$

so folgt
oder
$$bp - aq = 0$$
$$\frac{a}{p} = \frac{b}{q},$$

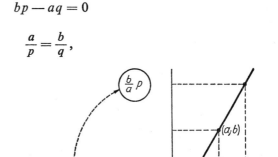

Abb. 66

woraus sich sofort ergibt, daß der Punkt $(p; q)$ auf der betrachteten Geraden liegt. Die Gerade, die durch $(0; 0)$ und $(a; b) \neq (0; 0)$ geht, ist die Menge

$$\{(x; y) \mid bx - ay = 0\}.$$

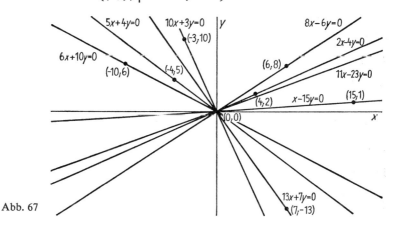

Abb. 67

Anders gesagt, die Gerade, die die verschiedenen Punkte $(0, 0)$ und (a, b) verbindet, ist definiert durch die Gleichung

$$bx - ay = 0.$$

Für die Gerade, die $(0; 0)$ mit $(a; b)$ verbindet, gilt (Abb. 68):

$$\{(x; y) \mid bx - ay = 0\} = \{(ka; kb) \mid k \in \mathbb{R}\}.$$

Indem man das Vorhergehende auf den Punkt $(b, -a)$ anwendet, sieht man, daß die Gerade, die $(0, 0)$ und $(b, -a)$ verbindet, definiert ist durch $ax + by = 0$. Anders gesagt: Die Gleichung $ax + by = 0$ definiert die Gerade, die $(0; 0)$ mit $(b; -a)$ verbindet.

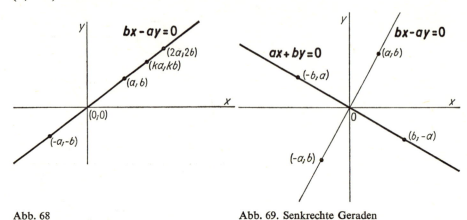

Abb. 68   Abb. 69. Senkrechte Geraden

Die Verhältnisse, die wir gerade entdeckt haben, sind sehr interessant. Wir fassen sie in den folgenden Aufgaben und Lösungen kurz zusammen:

Man setzt immer voraus $(a, b) \neq (0, 0)$.

Aufgabe: Man bestimme die Gleichung der Geraden, die den Ausgangspunkt $(0, 0)$ mit dem Punkt (a, b) verbindet.

Lösung: S. Abb. 69.

Die gesuchte Gleichung: $bx - ay = 0$

Aufgabe: Es soll die Gerade gezeichnet werden, die durch die Gleichung $ax + by = 0$ bestimmt ist.

Lösung: S. Abb. 69.

Ergebnis:

Das ist die Gerade, die den Ausgangspunkt $(0, 0)$ mit dem Punkt $(b, -a)$ verbindet.

4. Zusammengesetzte Spiegelungen

Welche geometrische Bedeutung hat die Relation

$$(a, b) \to (b, -a),$$

die man auch in der Form

$$(x, y) \to (y, -x)$$

schreiben kann? Es ist eine Relation zwischen den Punkten der Ebene. Stellen wir sie dar mittels einiger Pfeile (Abb. 70).

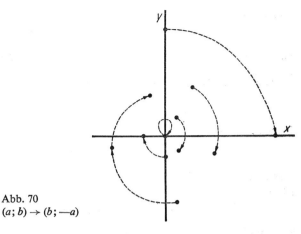

Abb. 70
$(a; b) \to (b; -a)$

Jeder Punkt der Ebene ist der Ausgangspunkt eines und nur eines Pfeiles. Aus diesem Grunde ist $(x, y) \to (y, -x)$ eine Funktion (Abb. 71).

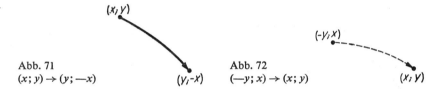

Abb. 71
$(x; y) \to (y; -x)$

Abb. 72
$(-y; x) \to (x; y)$

Jeder Punkt ist außerdem der Endpunkt eines und nur eines Pfeiles. Daher ist diese Relation in beiden Richtungen eine Funktion (Abb. 72). Sie ist eine Bifunktion oder eine Bijektion der Ebene auf sich selbst.

Es ist ganz natürlich, diese Bijektion in zwei Schritten auszuführen. So zerlegen wir $(x, y) \to (y, -x)$ in zwei andere Bijektionen, wie es das nebenstehende Schema erklärt (Abb. 73).

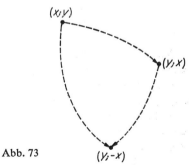

Abb. 73

$(x, y) \to (y, x)$ ist eine Abbildung der Ebene, die wir gut kennen. Es ist die Spiegelung an der Winkelhalbierenden $x - y = 0$.

$(y, x) \to (y, -x)$, anders geschrieben $(x, y) \to (x, -y)$, ist eine andere Abbildung der Ebene, die wir gut kennen: Es ist die Spiegelung an der x-Achse.

Daher ist die Bijektion
$$(x, y) \to (y, -x)$$
das Produkt zweier aufeinanderfolgender Spiegelungen (Abb. 74):

1. $(x, y) \to (y, x)$ Spiegelung an der Geraden
$$x - y = 0$$
2. $(x, y) \to (x, -y)$ Spiegelung an der Geraden
$$y = 0.$$

Man sagt, $(x, y) \to (y, -x)$ ist das Produkt der beiden Spiegelungen, und man schreibt
$$((x, y) \to (y, -x)) = ((x, y) \to (x, -y)) \circ ((x, y) \to (y, x)).$$

Man muß beachten, daß man zuerst die zweite und dann die erste Spiegelung ausführt.

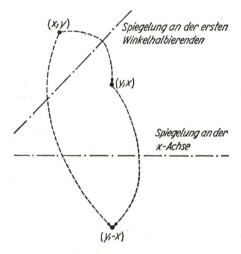

Abb. 74

Wir sind so ganz natürlich dahin geführt worden, die geometrische Bedeutung einer aus zwei Spiegelungen zusammengesetzten Abbildung zu begreifen. Wenn wir die Spiegelung der Ebene an der Geraden g ausführen, werden wir sagen, daß g die Achse dieser Spiegelung ist.

In den folgenden Zeichnungen bezeichnen wir entsprechend mit 1 die Achse der ersten und mit 2 die Achse der zweiten Spiegelung. Betrachten wir Abb. 75! Fassen wir zusammen, so entsteht Abb. 76.

Man nimmt an, daß die Spiegelachsen in einem Punkt O zusammenlaufen (Abb. 77). Jeder Punkt a wird durch die erste Spiegelung auf einen Punkt a_1 abgebildet, der dieselbe Entfernung von O wie a hat. Die zweite Spiegelung schickt a_1 nach dem Punkt a_2, der ebenfalls dieselbe Entfernung von O wie a und a_1 hat. So befinden sich a, a_1, a_2 auf demselben Kreis mit dem Mittelpunkt O. Im ganzen

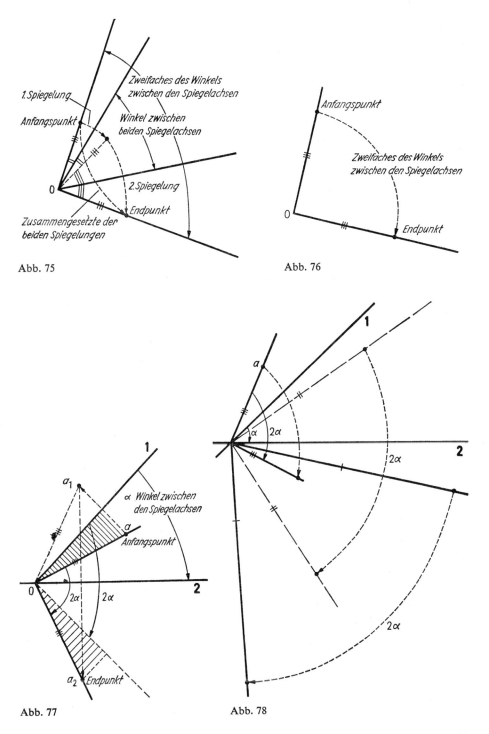

Abb. 75

Abb. 76

Abb. 77

Abb. 78

geht man von a nach a_2, indem man sich um einen Winkel dreht, der doppelt so groß ist wie der, den die Spiegelungsachsen miteinander bilden. Der Drehsinn ist durch die Reihenfolge der Spiegelungen gegeben.

Das vorhergehende Ergebnis drücken wir aus, indem wir sagen (Abb. 78):

Das Produkt der beiden Spiegelungen, deren Achsen einen Winkel α bilden, ist eine Drehung um den Winkel 2α um den Durchschnittspunkt der beiden Spiegelachsen.

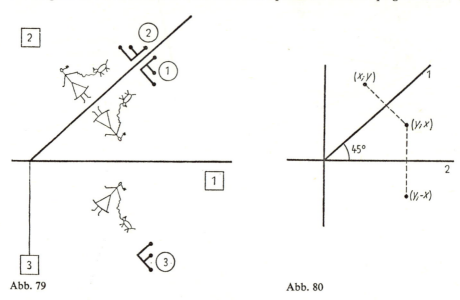

Abb. 79   Abb. 80

Sehen wir, was diese Sarabande von Spiegelungen uns in der Ausgangsfrage lehrt (Abb. 79 und 80):

$(x, y) \to (y, x)$ ist die Spiegelung an der ersten Winkelhalbierenden (1)
$(x, y) \to (x, -y)$ ist die Spiegelung an der x-Achse (2).

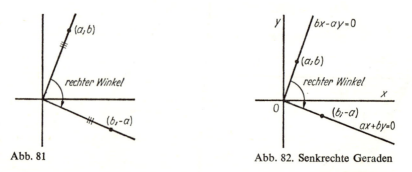

Abb. 81   Abb. 82. Senkrechte Geraden

Da die Geraden 1 und 2 einen Winkel von 45° bilden, ergibt sich daraus, daß $(x, y) \to (y, -x)$ eine Drehung um 90°, d. h. um einen rechten Winkel, ist (Abb. 81).

Nun wissen wir, daß die Gleichung $ax + by = 0$ die Gerade definiert, die $(0, 0)$ mit $(b, -a)$ verbindet, und daß die Gleichung $bx - ay = 0$ die Gerade definiert, die $(0, 0)$ mit (a, b) verbindet (Abb. 82).

Die Gleichungen $ax + by = 0$ und $bx - ay = 0$ bestimmen zwei Geraden, die senkrecht aufeinander stehen.

In Abb. 83 sind die Geraden $ax + by = 0$ und $bx - ay = 0$ dargestellt. In Abb. 84 sind die Punkte $(a; b)$, $(-a; -b)$, $(b; -a)$ und $(-b; a)$ eingezeichnet.

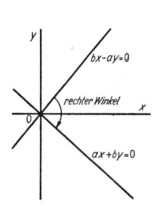

Abb. 83. Senkrechte Geraden

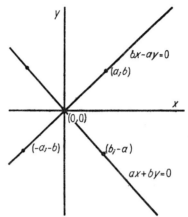

Abb. 84. Senkrechte Geraden

Wiederholung:

$$\{(x; y) \mid ax + by = 0\} = \{(kb; -ka) \mid k \in \mathbb{R}\}$$
$$\{(ka; kb) \mid k \in \mathbb{R}\} = \{(x; y) \mid bx - ay = 0\}$$
$$\{(x; y) \mid ax + by = 0\} \perp \{(x; y) \mid bx - ay = 0\}.$$

5. Aufgaben

1. Zählt die Behauptungen auf, die in der vorstehenden Übersicht enthalten sind!

2. Zeichnet die Geraden, die durch die folgenden Gleichungen bestimmt sind:

   a) $2x + 3y = 0$
   b) $6x - 5y = 0$
   c) $4x = 7y$
   d) $-3y + x = 0$
   e) $y = 3x$
   f) $x = -3y$
   g) $2x = -3y$
   h) $y = \frac{3}{4}x$
   i) $y = 7x$
   j) $x + y = 0$
   k) $2x - 2y = 0$.

3. Bestimmt die Gleichung der Geraden, die den Punkt $(0, 0)$ mit den folgenden Punkten verbindet:

   a) $(2, 3)$
   b) $(-2, 3)$
   c) $(5, -2)$
   d) $(3, 3)$
   e) $(0, 5)$
   f) $(6, 0)$

4. Bestimmt die Gleichung der Geraden, die die folgenden Punkte verbindet:

$\quad$ a) (2, 3) mit (4, 6)
$\quad$ b) (0, 0) mit (2, 5)
$\quad$ c) (2, 3) mit (—2, —3)
$\quad$ d) (1, 1) mit (2, 2)

5. Bestimmt die Gleichung der Geraden, die durch den Punkt (0, 0) geht und senkrecht zu den Geraden ist, die definiert sind durch:

$\quad$ a) $2x + y = 0$ $\qquad$ f) $2y - 2x = 0$
$\quad$ b) $x - \frac{2}{3}y = 0$ $\qquad$ g) $x + y = 0$
$\quad$ c) $y = \frac{2}{3}x$ $\qquad$ h) $x - y = 0$
$\quad$ d) $x = 0$ $\qquad$ i) $3x + 3y = 0$.
$\quad$ e) $7y = 0$

6. Anmerkungen

Wir haben gesehen, daß die Gleichung $ax + by = 0$ mit $(a, b) \neq (0, 0)$ die Menge der Paare $(kb; (k-a))$ definiert, wobei k die Menge $\mathbb{R}$ der reellen Zahlen durchläuft. Wir haben dies in Symbolen auf die folgende Weise ausgedrückt:

$$\{(x; y) \mid ax + by = 0\} = \{(kb; k(-a)) \mid k \in \mathbb{R}\}.$$

Man liest dies – erinnern wir daran –

„Die Menge der Paare $(x; y)$ mit $ax + by = 0$"

$\qquad$ gleich

„Die Menge der Paare $(kb; k(-a))$, mit k Element von $\mathbb{R}$".

Gegeben sei der Punkt $(a, b) \neq (0, 0)$, und wir suchen die möglichen Gleichungen der Geraden, die $(0, 0)$ mit (a, b) verbindet. Wir wissen schon, daß $bx - ay = 0$ eine dieser Gleichungen ist. Aber es ist einleuchtend, daß man für alle $k \neq 0$ hat

$$(kb)x - (ka)y = 0 \leftrightarrow bx - ay = 0.$$

Daraus ergibt sich sofort, daß alle Gleichungen der Geraden, die $(0, 0)$ mit (a, b) verbindet, die Form

$$(kb)x + k(-a)y = 0 \quad \text{mit} \quad 0 \neq k \in \mathbb{R}$$

haben.

Im besonderen ist $-bx + ay = 0$ eine Gleichung dieser Geraden.

So kann die $(0, 0)$ mit $(2, -3)$ verbindende Gerade definiert werden durch die Gleichung $3x + 2y = 0$.

Ebenso kann die Gerade, die den Ursprung $(0, 0)$ enthält und die senkrecht zu der Geraden $2x - 3y = 0$ ist, definiert werden durch die Gleichung

$$3x + 2y = 0.$$

Jede Gerade, die dem Ausgangspunkt entspringt, wird definiert durch eine Gleichung
$$ax + by = 0.$$
Wenn $b \neq 0$, kann diese Gleichung noch geschrieben werden (Abb. 85)
$$y = -\frac{a}{b} x.$$

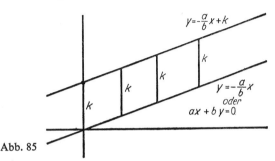

Abb. 85

Also kann jede Parallele zu dieser Geraden durch eine Gleichung der Form
$$y = -\frac{a}{b} x + k$$
definiert werden. Diese Gleichung kann man auch schreiben
$$ax + by - bk = 0$$
oder
$$ax + by + c = 0 \quad \text{mit} \quad c = -bk.$$

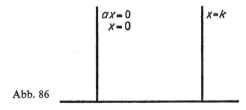

Abb. 86

Wenn in der Gleichung $ax + by = 0$ $b = 0$ ist, so ist diese Gleichung gleichwertig mit $x = 0$ (y-Achse). Jede Parallele zu dieser Geraden wird auch definiert durch eine Gleichung der Form (Abb. 86)
$$x = k.$$

Jede Gerade, die zu der Geraden $ax + by = 0$ parallel ist, wird definiert durch eine Gleichung $ax + by + c = 0$. Daher wird jede Gerade, die zu der durch die Gleichung $ax + by + c = 0$ definierten Geraden parallel ist, selbst definiert durch eine Gleichung $ax + by + d = 0$.

Die Koeffizienten a und b bestimmen die Richtung der Geraden $ax + by + \ldots = 0$.

7. Aufgaben

6. Bestimme die Gerade durch den Punkt (2, 3), die zu der Geraden, definiert durch die Gleichung $4x - 7y + 32 = 0$, parallel ist!

Lösung:

Wir wissen, daß diese Gerade definiert wird durch eine Gleichung

$$4x - 7y + \ldots = 0,$$

in der es wichtig ist, eine Konstante an den Platz von ... zu setzen. Die gesuchte Gerade muß den Punkt (2, 3) enthalten. Dieser muß also der Gleichung der gesuchten Geraden genügen:

$$4 \cdot 2 - 7 \cdot 3 + \ldots = 0$$
$$8 - 21 + \ldots = 0$$

und schließlich

$$-13 + \ldots = 0.$$

Dies zeigt uns, daß die gesuchte Konstante 13 ist. So lautet die gesuchte Gleichung

$$4x - 7y + 13 = 0.$$

7. Zeichnet die Geraden, die durch die Gleichungen definiert sind:

a) $2x + 7y - 1 = 0$ e) $3x + 3 = 0$
b) $x + y - 2 = 0$ f) $3y - 5 = 0$
c) $x - y + 1 = 0$ g) $2x = 7 - 3y$.
d) $x - 2 = 0$

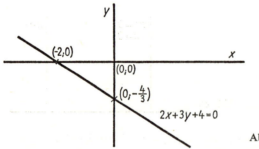

Abb. 87

Beispiel

Es sei die Gerade zu zeichnen, die durch die Gleichung (Abb. 87)

$$2x + 3y + 4 = 0$$

definiert ist. Wir wissen, daß es sich um eine Gerade handelt. Es genügt also, zwei ihrer Punkte zu bestimmen. Man kann die Punkte aufsuchen, die auf den Achsen liegen. Für $x = 0$ erhält man $3y + 4 = 0$ und $y = -\frac{4}{3}$. Der Punkt $(0, -\frac{4}{3})$ ist also ein Punkt der Geraden. Für $y = 0$ folgt entsprechend $2x + 4 = 0$ und $x = -2$.

Somit ist (—2, 0) ein Punkt der Geraden. Die gesuchte Gerade verbindet die Punkte $(0, -\frac{4}{3})$ und $(-2, 0)$.

8. Es wird die Gleichung der Geraden, die durch den Punkt (2, 5) geht und die zur Geraden der Gleichung $7x - 2y + 9 = 0$ senkrecht ist, gesucht.

Lösung:

Da die gesuchte Gerade senkrecht zu einer Geraden der Gleichung

$$7x - 2y + \ldots = 0$$

ist, beginnt die geforderte Gleichung mit

$$2x + 7y + \ldots = 0.$$

Es bleibt noch die Konstante zu bestimmen, indem man die Tatsache benutzt, daß (2, 5) zu der Geraden gehört und also der Gleichung genügt. Diese Bedingung ergibt

$$2 \cdot 2 + 7 \cdot 5 + \ldots = 0$$
$$4 + 35 + \ldots = 0$$
$$39 + \ldots = 0.$$

Die Konstante ist also —39, und die Gleichung lautet:

$$2x + 7y - 39 = 0.$$

9. Zeichnet die zugehörigen Geraden

a) $x = 0$
b) $y = 0$
c) $2x = 0$
d) $3y = 0$
e) $x = 2$
f) $x - 3 = 0$
g) $2x = -3$
h) $4x + 7 = 0$
i) $y = 4$
j) $-y + 3 = 0$
k) $x - y = 0$

l) $y = x$
m) $x = -y$
n) $x + y = 0$
o) $y = 2x$
p) $3x - y = 0$
q) $4x + y = 0$
r) $5x - 2y = 0$
s) $-5x - 3y = 0$
t) $2x + 3y + 4 = 0$
u) $3x - 4y + 2 = 0$
v) $3 = 2y$

10. Gebt die Gleichungen der Geraden an, die den Ursprung des Koordinatensystems enthalten und senkrecht auf denjenigen Geraden stehen, die definiert sind durch die folgenden Gleichungen:

a) $x = 2$
b) $y = 0$
c) $y = 2x + 3$
d) $3x + 2y - 5 = 0.$

11. a) Gesucht ist die Gleichung der Geraden, die den Punkt (2, 5) enthält und die senkrecht steht auf der Geraden mit der Gleichung

$$2x - 3y + 1 = 0.$$

b) Dieselbe Frage für

$(2, -3)$ und $2x + 7y - 19 = 0$
$(4, 4)$ und $x - y = 0$
$(0, 2)$ und $4x + 4y + 1 = 0$
$(3, 0)$ und $y = 2x + 7$.

VIII. Relationen und Graphen

1. Paar von zwei Dingen

Es seien a und b Dinge, die wir schematisch durch Punkte darstellen. Wir stellen das Paar (a, b) durch einen Pfeil, der von a zu b geht, dar.

Abb. 88

Wir sagen, daß dieses **Paar** oder dieser **Pfeil** in a beginnt und in b endet, von a zu b geht, a auf b abbildet. Wir sagen, daß a der Ausgangspunkt und b der Endpunkt des Paares (a, b) ist oder daß b das **Bild** von a (durch das Paar) ist.

Ein Paar ist definiert durch seinen Ausgangspunkt und seinen Endpunkt.

In Symbolen:
$$(a, b) = (c, d) \Leftrightarrow a = c, b = d.$$

Entsprechend dieser Definition zeichnen wir niemals mehr als einen Pfeil, der von a zu b geht.

Wie wir bereits auf S. 37f. gesehen haben, bezeichnet man mit $M \times M$ die Menge der Paare, die ihren Ausgangspunkt und ihren Endpunkt in M haben. Die Pfeile sind also die Elemente vom Produkt $M \times M$.

2. Ring

In der vorhergehenden Definition hat man den Fall $b = a$ nicht ausgeschlossen. In diesem Falle sagt man, daß man es mit einem *identischen Paar* oder einem *Ring* in a zu tun hat.

Abb. 89

Man wird bemerken, daß es im Falle eines Ringes unnötig ist, Pfeile zu setzen!

3. Reziprokes Paar

Das Paar (b, a) wird das zum Paar (a, b) reziproke Paar genannt.

Abb. 90

Wenn C ein Paar bezeichnet, bezeichnet man das reziproke Paar mit C^{-1}.

Aufgaben: Zeige:
  1. $(a, b)^{-1} = (b, a)$
  2. Für jedes Paar C gilt $(C^{-1})^{-1} = C$
  3. $(a, a)^{-1} = (a, a)$
  4. Wenn $C = C^{-1}$, so ist C ein identisches Paar (oder ein Ring).

Im folgenden werden wir verschiedene Beispiele angeben, bei denen M eine endliche Menge von Punkten ist. Die Pfeile bezeichnen in jedem der Fälle das Produkt $M \times M$.

4. Graph von Relationen

Eine in M definierte *Relation* ist, wie wir wissen, eine Teilmenge von $M \times M$. Eine *Relation* in M ist also eine Menge von Paaren, die in M beginnen und enden. Eine Relation ist also eine Menge von Pfeilen, die von einem Element von M zu einem Element von M gehen. Die Zeichnung, gebildet durch die Menge der Pfeile einer Relation, wird auch der *Graph* dieser Relation genannt.

Abb. 91 stellt vier besondere Graphen dar.

Abb. 91

Beispiel 1: Die Menge M wird gebildet von Personen, die durch Punkte dargestellt werden. Ein Paar (a, b) von Personen steht dann und nur dann in der Relation R, wenn a mindestens einmal in seinem Leben vor dem 1. Januar 1970 0 Uhr einen Brief mit der Post an b gesandt hat.

Erster Fall

Abb. 92

Die Abbildung zeigt eine Situation, die auftreten kann, die aber recht seltsam ist. Jede dieser Personen hat höchstens an eine Person geschrieben. Keiner hat einen Brief von mehr als einer Person erhalten. Außerdem hat niemand auf irgendeinen Brief geantwortet.

Stellen wir eine weniger seltsame und höflichere Situation dar.

Zweiter Fall

Abb. 93

Aufgabe:

Wir wissen, daß Herr Schmidt dargestellt wird durch einen Punkt der Abb. 93. Nehmen wir für Herrn Schmidt einen bestimmten Punkt an. Was können wir dann über seinen Briefverkehr sagen?

Beispiel 2: Die Relation ... hat als Vater ... in einer Menge von Personen

Abb. 94

In einem solchen Graphen gilt stets:

1. Von einem Punkt geht mindestens ein Pfeil aus.
2. Wenn ein Paar zu der Relation gehört, gehört das reziproke Paar nicht dazu.
3. Es gibt keinen Ring in diesem Graphen.
4. Wenn ein Pfeil von a zu b geht und ein anderer von b zu c, kann es hier keinen Pfeil von a zu c geben.

Aufgaben:

1. Beweist die vorstehenden Behauptungen!
2. Gebt weitere Beobachtungen über den Graphen der Abb. 94 an!

3. Könnt ihr hier Personen angeben, die mit Sicherheit männlichen Geschlechts sind?
4. Könnt ihr Personen angeben, die Brüder oder Schwestern sind?
5. Kann man den Großvater väterlicherseits von einigen Personen angeben?

Beispiel 3: Die Relation ... hat als Schwester ... in einer Menge von Mädchen

Abb. 95

Beobachtungen:

1. Der Graph der Abb. 95 enthält keinen Ring.
2. Wenn ein Paar zu diesem Graphen gehört, gibt es auch ein reziprokes Paar. Wir drücken dies durch das folgende Schema aus:

Abb. 96

3. Wenn a, b, c drei verschiedene Punkte des Graphen sind und wenn ein Pfeil von a zu b und einer von b zu c geht, so ist es sicher, daß ein Pfeil von a zu c geht.

Aufgabe:

Die vorstehenden Beobachtungen sind zu beweisen!

Beispiel 4: Die Relation ... hat als Schwester ... in einer Menge von Mädchen und Jungen

Abb. 97

Aufgaben:

1. Warum kann der Graph der Abb. 97 keinen Ring enthalten?
2. Es kann sein, daß (a, b) und (b, a) zu der Relation gehören; es kann auch sein, daß nur (a, b) zu der Relation gehört. Wann tritt die erste Möglichkeit und wann die zweite auf?
3. Man kann das Geschlecht aller Punkte der Gruppe, die Ausgangs- und Endpunkt eines Pfeiles sind, bestimmen.
4. Gebt weitere Beobachtungen über den Graphen der Abb. 97 an!
5. Zeichne den Graphen der Relation ... hat als Bruder ... in einer Menge von Jungen!

Beispiel 5: Die Relation ... hat als Bruder ... und die Relation ... hat als Schwester ... werden durch Graphen in verschiedenen Farben in der folgenden Zeichnung dargestellt. Die betrachtete Menge ist eine Menge von Jungen und Mädchen.

Abb. 98

Wenn man gleichzeitig die gelben und blauen Pfeile der Abb. 98 betrachtet, erhält man den Graphen der Relation ... hat als Bruder oder als Schwester ... Diese Relation ist die **Vereinigung** der beiden vorhergehenden.

Aufgaben:
1. In dem Graphen der Abb. 54 tritt kein Ring auf; warum?
2. Wenn ein gelber [bzw. blauer] Pfeil von *a* zu *b* geht, gibt es einen blauen [bzw. gelben] Pfeil von *b* zu *a*; warum?
3. Alle Pfeile, die in einem Punkt enden, haben dieselbe Farbe; warum?
4. Macht andere Beobachtungen!

Beispiel 6: Die Relation ... teilt ... in der Menge der natürlichen Zahlen mit der Zahl 0. Erinnern wir uns, die Menge der natürlichen Zahlen mit der Zahl 0 ist die Menge
$$I\!N_0 = \{0, 1, 2, 3 \ldots\}.$$

Man sagt, *a* teilt *b*, und man schreibt $a \mid b$, wenn es eine ganze Zahl *q* gibt, so daß $b = aq$.

So gilt
$2 \mid 6$ da ja $6 = 2 \cdot 3$
$7 \mid 7$ da ja $7 = 7 \cdot 1$
$9 \mid 0$ da ja $0 = 9 \cdot 0$
$1 \mid a$ da ja $a = 1 \cdot a$
$a \mid 0$ da ja $0 = a \cdot 0$
$a \mid a$ da ja $a = a \cdot 1$

Abb. 99

Beobachtungen:
1. Der Graph der Relation $\mid$ enthält in jedem seiner Punkte einen Ring.
2. Wenn *a* und *b* zwei verschiedene Punkte sind, so gilt niemals

Abb. 100

Wie auch die Punkte *a*, *b*, *c* gewählt werden, aus $a \mid b$ und $b \mid c$ folgt stets $a \mid c$. Mit anderen Worten, wenn ein Pfeil von *a* zu *b* geht und einer von *b* zu *c*, gibt es einen Pfeil, der von *a* zu *c* geht. Dieses geben wir kurz durch das folgende Schema an:

Abb. 101

Beispiel 7: Graph der Gleichheit auf einer beliebigen Menge

Abb. 102

Beispiel 8: Die Relation ... hat als orthogonale Projektion auf der Geraden *g* ..., definiert in der Ebene. Wenn eine Gerade *g* und ein Punkt *X* gegeben sind, nennt man den Fußpunkt *P* des Lotes von *X* auf *g* die orthogonale Projektion von *X* auf *g*.

Abb. 103

Es ist diesmal nicht möglich, alle Punkte der Ebene $I\!E$ in dem Graphen darzustellen. Daher beschränken wir uns darauf, einige zu markieren. Wir geben die Pfeile für die markierten Punkte an.

Abb. 104

Beobachtungen:

1. In dem Graphen ... orthogonale Projektion auf g ... geht von jedem Punkt ein und nur ein Pfeil aus.
2. Alle Pfeile enden in g.
   Der Graph bildet in jedem Punkt von g und nur in diesen Punkten einen Ring.

Beispiel 9: Die Relation ... hat als Spiegelbild an der Geraden g ... definiert in der Ebene. Wie im vorhergehenden Beispiel ist es auch hier nicht möglich, alle Punkte der Ebene $I\!E$ darzustellen. Man beschränkt sich darauf, einige darzustellen und die Pfeile anzugeben, die diese Punkte verbinden.

Abb. 105

Beobachtungen:

In dem Graphen der Spiegelung an der Geraden g stellen wir fest:

1. Ein und nur ein Pfeil geht von jedem Punkt aus.
2. Ein und nur ein Pfeil endet in jedem Punkt.
3. Jeder Punkt von g ist verziert mit einem Ring, und das sind die einzigen Punkte, die einen Ring besitzen.
4. Die Reziproke jedes Paares der Relation ist ein Paar der Relation.
5. Der Graph ist gebildet durch die Vereinigung getrennter Abbildungen der folgenden Typen:

Abb. 106

Aufgaben:

1. Studiere die Relation S_p ... Spiegelsymmetrie an einem Punkt in der Ebene ... (Abb. 107).

Abb. 107

2. Studiere die Relation ... Drehung um einen Punkt im positiven Sinn um 60° ... (Abb. 108).

Abb. 108

IX. Operationen und Verknüpfungen von Relationen

1. Mengenoperationen mit Relationen

Da die Relationen in M Mengen von Paaren bzw. Pfeilen, die von einem Element von M zu einem Element von M gehen, sind, können wir auf sie anwenden, was wir in der Mengenlehre gelernt haben. Man wird feststellen können, daß eine Relation Teilmenge einer anderen ist. Man wird die Vereinigung und den Durchschnitt einer Menge von Relationen oder auch die Differenz zweier Relationen bilden können. Beschränken wir uns hier auf einige einfache

Beispiele:

1. Die Relation ... ist ein Sohn von ... ist Teilmenge der Relation ... ist ein Nachkomme von ...
Die Relation ... = ... ist Teilmenge in der Relation ... $\leqslant$ ...
Die Relation ... ist weniger als 10 km entfernt von ... ist Teilmenge in der Relation ... ist weniger als 100 km entfernt von ...

2. M sei eine Menge von Rechtecken. Man definiert auf M die Relationen:
$F:$ ... hat denselben Flächeninhalt wie ...
$U:$ ... hat denselben Umfang wie ...
Ein Paar von Rechtecken gehört dann und nur dann zu der Relation $F \cap U$, wenn diese Rechtecke gleichzeitig denselben Flächeninhalt und denselben Umfang haben.

Wir haben schon früher den Begriff der Vereinigung von zwei Relationen benutzt, als wir über die Parallelität von Geraden sprachen. Erinnern wir uns, daß wir für die Menge der Geraden der Ebene G setzten. Bezeichnen wir mit D die **Disjunktionsrelation** von zwei Geraden: ein Paar von Geraden von G befindet sich dann und nur dann in der Relation D, wenn ihr Durchschnitt leer ist. Wir haben gesagt, daß die Geraden g und h dann und nur dann parallel sind, wenn sie gleich ($g = h$) oder disjunkt ($g \cap h = \emptyset$ oder gDh) sind. Daher ist die Relation der Parallelität die Vereinigung der der Gleichheit und der Disjunktion (alle diese Relationen definiert auf G).

Aufgaben:

1. Wenn zwei Relationen R und S, definiert auf derselben Menge M, gegeben sind, wie definiert man dann $R \setminus S$?
2. Die Relation ... $\leqslant$ ... ohne die Relation ... = ... ergibt welche Relation? Wie formt man den Graphen des $\leqslant$ um in denjenigen des $<$?
3. Berechne $\geqslant \setminus <$!
4. Man zeige (Bezeichnungen von Beispiel 2), $F \cap U$ ist nichts anderes als die übliche Kongruenz von Rechtecken.

2. Verknüpfung von Relationen

In der Menge M von Personen betrachten wir die Relationen

V: hat als Vater
W: hat als Mutter*)

Wir zeichnen den entsprechenden Graphen, wobei die erste Relation in grün und die zweite in rot gezeichnet wird.

Abb. 109

Aufgaben:
1. Beweist, daß ihr die Personen der Abb. 109 sein könnt! Zeigt ebenso, daß es sich um historische Gestalten handeln kann!
2. Können in Abb. 109 mehrere rote Pfeile von einem Punkt ausgehen? Können mehrere grüne Pfeile von einem Punkt ausgehen? Könnt ihr das Geschlecht mehrerer der Personen des Graphen bestimmen?

Die roten und grünen Pfeile sind gegeben in dem folgenden kleinen Problem. Gebt mittels blauer Pfeile die Beziehung an ... hat als Großmutter väterlicherseits ...! Man braucht keine neuen Informationen, um die Pfeile dieser Relation zu setzen. Die Großmutter väterlicherseits ist die Mutter des Vaters, daher bezeichnen wir diese Relation auch mit $W \circ V$ (... hat als Mutter des Vaters ...). Man hat jedesmal einen blauen Pfeil, wenn auf einen grünen Pfeil (Vater) ein roter Pfeil (Mutter) folgt. Daher können wir „mechanisch" vorgehen, wenn die folgende Lage

Abb. 110

vorliegt. Wir müssen dabei die blauen Pfeile setzen, wie es die folgende Abbildung zeigt.

Abb. 111

Man sagt, daß die Relation $W \circ V$ die **Zusammengesetzte** oder das **Produkt** der Relation V und der Relation W ist. Entsprechend wird die Relation $V \circ W = (\ldots$ hat als Vater der Mutter ...$) = (\ldots$ hat als Großvater mütterlicherseits ...$)$ die **Zusammengesetzte** oder das **Produkt** von W und von V genannt.

Wir können die Relation $R = N \circ B$, Zusammengesetzte der Relation B und der Relation N, allgemein definieren, wobei alle Relationen auf derselben Menge M definiert sind. Ein Pfeil von $N \circ B$ tritt dann und nur dann auf, wenn auf einen Pfeil von B ein Pfeil von N folgt. Der betrachtete Teil von $N \circ B$ geht also vom Ursprungspunkt des Pfeiles B zum Endpunkt desjenigen von N (Abb. 112, 113).

Abb. 112

Abb. 113

Man kann eine Relation mit sich selbst zusammensetzen. Daher finden wir z. B. in der Abb. 109 die Relationen $V \circ V$ und $W \circ W$. Man bezeichnet $V \circ V$ als das **Zusammensetzungsquadrat** (kurz: **Quadrat**) von V.

---

*) Da wir das M für Mengen benutzen, drehen wir das M von Mutter um: W.

$V \circ V = (\ldots$ hat als Vater des Vaters $\ldots) =$
$= (\ldots$ hat als Großvater väterlicherseits $\ldots)$

$W \circ W = (\ldots$ hat als Mutter der Mutter $\ldots) =$
$= (\ldots$ hat als Großmutter mütterlicherseits $\ldots)$.

Die *Zusammensetzung* oder die Verknüpfung der auf einer Menge definierten Relationen ist *nicht kommutativ*. Um sich davon zu überzeugen, genügt es, einen Fall darzustellen, in dem die Zusammensetzung nicht kommutativ ist. Nun sind wir schon oben einem solchen Fall begegnet:

$$W \circ V \neq V \circ W,$$

$$\underset{\text{väterlicherseits}}{\text{meine Großmutter}} \neq \underset{\text{mütterlicherseits}}{\text{mein Großvater}}$$

Aufgaben:

1. Die grünen und gelben Pfeile nur seien in den Graphen der Abb. 109 eingesetzt. Gebt an, wie man mechanisch vorgeht, um die roten Pfeile zu setzen!
2. Die Relation $G = (\ldots$ hat als Großvater $\ldots)$ führt zu den Formeln (s. Abb. 109):

$G = V \circ V \cup V \circ W$
$G = V \circ (V \cup W)$.

3. Die wiederholte Spiegelung $S_P \circ S_P$, definiert in der Ebene und in bezug auf den Punkt P der Ebene, ist nichts anderes als die Gleichheit oder identische Relation (d. i. eine Relation, deren Graph aus der Menge aller Ringe besteht).

Abb. 114

4. Das Produkt $S_g \circ S_g$ der Spiegelungen (man sagt auch, das „Quadrat" der Spiegelung S_g) in der Ebene an einer Geraden g der Ebene ist die identische Relation.
5. Gebt das Quadrat der Relation an, die durch den folgenden Graphen definiert ist.

Abb. 115

Der Graph der Abb. 115 wird *Zyklus* genannt. Man sieht, daß sein Quadrat durch den folgenden Graphen definiert ist.

Abb. 116

Tragen wir C und $C \circ C$ in dieselbe Zeichnung ein, so kann man verifizieren, daß $C \circ (C \circ C) = (C \circ C) \circ C$. Daher ist es erlaubt, die Klammern wegzulassen. Jedesmal, wenn drei Pfeile von C aufeinanderfolgen, erscheint ein Pfeil in $C \circ C \circ C$, wie es das Schema der Abb. 117 angibt.

Abb. 117

Ohne weitere Erklärungen zeichnen wir $C \circ C \circ C$, $C \circ C \circ C \circ C$, $C \circ C \circ C \circ C \circ C$ in die Abb. 118.

Abb. 118

6. Betrachten wir die in einer Menge von Personen definierten Relationen

$$Sch = \ldots \text{ hat als Schwester} \ldots$$
$$W = \ldots \text{ hat als Mutter} \ldots$$

Nehmen wir außerdem an, daß keine der betrachteten Personen verheiratet sei. $Sch \circ W$ und $W \circ Sch$ sollen konstruiert werden. Man wird bemerken, daß $W \circ Sch \subset W$. Wie drückt man die Relation $Sch \circ W$ in der Umgangssprache aus?

7. In der gewöhnlichen Ebene E betrachtet man die Relation

$$R: \ldots \text{ ist höchstens 10 km entfernt von} \ldots$$

(Es ist selbstverständlich, daß man nicht alle Pfeile einer solchen Relation zeichnen kann. Man beschränkt sich darauf, die Pfeile zu betrachten, die die Punkte vereinigen, die zu einer endlichen, geeignet gewählten Menge gehören.) Es sei X ein Punkt von E. Ich frage, welches die Menge der Punkte Y ist, für die $(X, Y) \in R$?
Im Anschluß daran wird gefordert, $R \circ R$, $R \circ R \circ R$ zu kennzeichnen.

8. Wenn R durch den Graphen der Abb. 75 definiert ist,

Abb. 119

so gilt $R \circ R = \emptyset$ (mit $R \neq \emptyset$).

9. S_g sei die Spiegelung an einer Geraden g in der Ebene E. Das Quadrat $S_g \circ S_g$ ist nichts anderes als die Relation der Gleichheit, definiert in E.

10. Die Relation

$$Pr: \ldots \text{ hat als orthogonale Projektion auf der Geraden } g \ldots$$

sei definiert in E. Begründet, daß $Pr \circ Pr = Pr$.

3. Reziproke Relation

Abb. 120

R sei eine Relation, die definiert ist auf einer Menge M (Abb. 120). Man nennt die Relation, die erhalten wird, wenn man alle Pfeile von R umdreht, die *Reziproke* (Relation) von R, und man bezeichnet sie mit R^{-1}. In Abb. 120 ist der Graph von R braun und der von R^{-1} gelb eingezeichnet.

Aufgaben:

1. Jede Relation ist die Reziproke ihrer Reziproken: $R = (R^{-1})^{-1}$.
2. Die Spiegelung S_g in der Ebene an der Geraden g ist gleich ihrer Reziproken.
3. Die Relationen ... hat als Vater ... und ... ist der Vater von ... sind reziprok. Die Relationen $V: \ldots$ hat als Vater ... und $S: \ldots$ hat als Sohn ... sind nicht reziprok, da die betrachtete Menge nicht ausschließlich aus Personen männlichen Geschlechts besteht.
4. Die Relation $Sch: \ldots$ hat als Schwester ... sei in einer Menge von Mädchen definiert. Bestimmt das Quadrat $Sch \circ Sch$ von Sch!

X. Eigenschaften von Relationen

Wenn wir die vorhergehenden Beispiele prüfen, dann zeigt es sich, daß gewisse Eigenschaften der Relationen einigen dieser Relationen eine Familienähnlichkeit verleihen. Die Mathematik und auch andere Wissenschaften machen ständig Gebrauch von Relationen. Daher ist es wichtig, eine Art Klassifikation anzudeuten und gewisse Klassen von Relationen, die wichtige gemeinsame Eigenschaften besitzen, hervorzuheben. Dabei werden wir die Technik der Graphen und die Zusammensetzung von Relationen systematisch benutzen.

1. Reflexivität

Die Graphen der Abb. 99 und 102 besitzen eine der auffallendsten Eigenschaften. Sie besitzen in jedem Punkt einen Ring.

Definition: Eine Relation heißt dann und nur dann reflexiv, wenn ihr Graph in jedem Punkt einen Ring besitzt.

Abb. 121

Eine in M definierte Relation ist dann und nur dann reflexiv, wenn sie die in M definierte *Gleichheitsrelation* enthält.

Anstatt zu sagen, daß es einen von a zu b gehenden Pfeil in dem Graphen der Relation gibt, schreibt man auch $(a, b) \in R$ oder aRb. Also bezeichnen die drei folgenden Graphen dieselbe Tatsache.

Abb. 122

Daher kann man auch sagen, daß eine in M definierte Relation R dann und nur dann reflexiv ist, wenn xRx für alle $x \in M$ gilt.

Beispiele:

1. Die Relation ∥ ist reflexiv.
2. Die Relationen ⊃ und ⊂, definiert auf der Menge der Teilmengen $\mathfrak{P}(M)$ von M, sind reflexive Relationen.
3. Die Gleichheitsrelation ist reflexiv.
4. Da einer unserer Klassenkameraden behauptet, er kenne eine Person, die sich nicht liebt, haben wir geschlossen, daß die Relation ... liebt ..., definiert auf der Menge der Menschen, nicht reflexiv ist. Da alle unsere Klassenkameraden erklärt haben, daß sie sich selbst lieben, ist die Relation ... liebt ..., definiert auf der Menge der Schüler unserer Klasse, reflexiv.
5. Die Relation S_g (Spiegelung an der Geraden g) ist nicht reflexiv, obwohl gewisse Punkte ihre eigenen Spiegelbilder sind.
6. Die Abb. 123 zeigt den Graphen einer nicht reflexiven Relation. Wieso?

Abb. 123

Es ist sehr leicht, eine Relation reflexiv zu machen, indem man Pfeile hinzufügt. Es genügt, einen Ring an alle Punkte zu setzen, die keinen haben. Man erhält so *die kleinste reflexive Relation, in der die gegebene Relation enthalten ist.*

Beispiele:

1. Die Relation $\leqslant$ ist die kleinste reflexive Relation, die $<$ enthält.
2. Nennen wir die Relation $\triangle$, die in G (Menge der Geraden der Ebene E) auf folgende Weise definiert ist: Wenn g und h Geraden sind, so gilt $g \triangle h$ dann und nur dann, wenn $g \cap h = \emptyset$. Es ist $\parallel$ die kleinste reflexive Relation, die $\triangle$ enthält.

Aufgaben:

1. Die Relation $\perp$, definiert auf der Menge G der Geraden der Ebene, ist nicht reflexiv. Warum nicht?
2. Die Ähnlichkeit, definiert auf der Menge der Dreiecke der Ebene, ist reflexiv.
3. Die Relation ... hat denselben Flächeninhalt wie ..., definiert auf der Menge der Dreiecke der Ebene, ist reflexiv.
4. Wenn eine Relation R reflexiv ist, so ist es die reziproke Relation R^{-1} ebenfalls.
5. Es sei R eine reflexive Relation und S eine Relation mit $S \supset R$. Die Relation S ist dann reflexiv.

2. Symmetrie

Definition: Eine Relation R heißt symmetrisch, wenn sie mit jedem Pfeil auch denjenigen enthält, der vom Endpunkt zum Ausgangspunkt des ersten Pfeiles geht.

Abb. 124

Eine Relation ist also dann und nur dann symmetrisch, wenn sie gleich ihrer Reziproken ist:

$$R \text{ symmetrisch} \Leftrightarrow R = R^{-1}.$$

Beispiele:

1. Die Spiegelung S_g in der Ebene an einer Geraden g ist eine symmetrische Relation.
2. Die Spiegelung S_P, definiert in der Ebene E in bezug auf den Punkt P, ist eine symmetrische Relation.
3. Die Relation ... teilt ..., definiert auf $\mathbb{N}_0 = \{0, 1, 2, 3 \ldots\}$, ist nicht symmetrisch (z. B. gilt $2 \mid 6$, aber $6 \nmid 2$).
4. Die Relation ... liebt ..., definiert in der Menge {Romeo, Julia}, ist symmetrisch.
5. Die Relation ... liebt ..., definiert in der Menschheit, ist unglücklicherweise nicht symmetrisch.
6. Die Relationen $\parallel$ und $\perp$, definiert in der Menge der Geraden der Ebene, sind symmetrisch.

7. Die Relation ⩽, definiert in der Menge der reellen Zahlen, ist nicht symmetrisch.
8. Die Relation ... hat als Bruder ..., definiert in einer Menge von Jungen, ist symmetrisch.
9. Die Relation ... hat als Bruder ..., definiert in einer Menge von Jungen und Mädchen, ist im allgemeinen nicht symmetrisch.

Aufgaben:
1. M sei eine Menge von Mädchen und Jungen. Man weist uns darauf hin, daß die Relation ... hat als Bruder ..., definiert in dieser Menge M, symmetrisch ist. Was könnt ihr über die Mädchen aussagen, die zu M gehören?
2. Die Relation ... hat als Bruder oder Schwester ... ist immer symmetrisch.
3. Welches ist die sparsamste Art, durch Hinzufügen von Pfeilen eine Relation in M symmetrisch zu gestalten?

3. Transitivität

Das Kennzeichen der Transitivität ist das Folgende:

Abb. 125

Beachten wir, daß die Punkte im Wappen nicht notwendig verschieden sind!

Definition: Eine Relation heißt transitiv, wenn ihr Graph der folgenden Bedingung genügt. Es sei a ein Punkt von M. Es sei b ein Punkt von M. Es sei c ein Punkt von M. Wenn ein Pfeil von a zu b geht und ein anderer von b zu c, dann geht ein Pfeil von a zu c.

Beispiele:

1. Die Relationen ⩽, <, ⩾, >, =, definiert in der Menge der reellen Zahlen, sind transitive Relationen.
2. Die Relationen ⊂ und ⊃, definiert in jeder Menge von Mengen, sind transitiv.
3. Die Relation |, definiert in der Menge $\mathbb{N}_0 = \{0, 1, 2, 3 ...\}$, ist transitiv.
4. Die Relation ... hat denselben Flächeninhalt wie ..., definiert in der Menge der Vielecke der Ebene, ist eine transitive Relation.
5. Die Relation ... hat als Bruder ..., definiert auf einer Menge von Jungen, ist nicht immer eine transitive Relation. Es seien z. B. Otto und Gerhard zwei Elemente der Menge M. Wenn wir annehmen, daß Otto und Gerhard Brüder sind, so gilt
    Otto hat als Bruder Gerhard
    Gerhard hat als Bruder Otto.
Wenn die Relation transitiv wäre, so müßte gelten:
    Otto hat als Bruder Otto.
Das ist aber falsch. Es besteht also keine Transitivität, außer wenn die Relation leer ist.

6. Der folgende Graph gehört nicht zu einer transitiven Relation:

Abb. 126

7. Der hier gezeigte Graph definiert eine transitive Relation:

Abb. 127

Man kann die Definition der Transitivität wie folgt formulieren:

> Eine Relation R, definiert in der Menge M, ist transitiv, wenn aRb und $bRc \Rightarrow aRc$ bei beliebigen $a, b, c \in M$.

Es gibt noch eine viel kürzere Art, die Transitivität zu definieren. Wir wollen uns zuerst einiges ins Gedächtnis zurückrufen.

Abb. 128

Abb. 129

Eine Relation ist dann und nur dann transitiv, wenn sie ihr Quadrat enthält:

$$R \circ R \subset R.$$

Abb. 130

Aufgaben:

1. Es seien x, y, z Geraden des Raumes, die alle den Punkt O enthalten und von denen je zwei senkrecht aufeinander stehen. Betrachten wir die Relation $\perp$, definiert auf der Menge dieser Geraden. Zeichnen wir den Graphen dieser Relation:

Abb. 131

Abb. 132

Diese Relation ist also symmetrisch, aber weder reflexiv noch transitiv. Beweist eure Antwort!

2. Der Graph der Abb. 128 definiert eine transitive Relation, die weder symmetrisch noch reflexiv ist.
3. Die Relation $Pr \ldots$ hat als orthogonale Projektion auf der Geraden $g \ldots$, definiert in $I\!E$, ist eine transitive Relation. (Man kann die Behauptung sofort auf algebraische Weise beweisen. Es wurde schon gezeigt, daß $Pr \circ Pr = Pr$ gilt. Also ist $Pr \circ Pr \subset Pr$!)
4. Die Relation ... liebt ... ist im allgemeinen nicht transitiv. Um sich davon zu überzeugen, nehme man eine Menge, die aus einer Frau, ihrem Ehemann und ihrer Schwiegermutter besteht. Man hat häufig den folgenden Graphen:

Abb. 133

5. Die Relation $\perp$, definiert in der Menge $\mathcal{G}$ der Geraden der Ebene, ist symmetrisch, jedoch weder reflexiv noch transitiv.
6. Beweist den folgenden Satz:

Es sei R eine transitive, in einer Menge M definierte Relation. Wenn aRb, bRc, cRd, ..., jRk gilt, so kann man daraus aRk schließen.

Die folgende Abbildung drückt graphisch diese Eigenschaft aus (die Punkte und Pfeile, die hier auftreten, bilden einen Teil des Graphen von *R*).

Abb. 134

4. Asymmetrie

Definition: Eine Relation wird asymmetrisch genannt, wenn in ihr kein Paar von verschiedenen Punkten in einer symmetrischen Relation steht:

Abb. 135

Eine Relation *R* ist dann und nur dann asymmetrisch, wenn man nur die Pfeile von *R*, die Ringe sind, wiederfindet, wenn man alle Pfeile von *R* umkehrt. Daher gilt:

Die Relation *R* ist asymmetrisch $\Leftrightarrow R \cap R^{-1}$ ist Teilmenge der Gleichheitsrelation.

Beispiele:

1. Die Relationen $\supset$, $\supset$, definiert in einer Menge von Mengen, sind asymmetrisch.
2. Die Relationen $\leq$, $\geq$, $<$, $>$, definiert in der Menge der reellen Zahlen, sind asymmetrisch.
3. Die Relation $|$, definiert auf der Menge $\mathbb{N}_0 = \{0, 1, 2, \ldots\}$, ist asymmetrisch.
4. Es sei $\mathbb{Z}$ die Menge der Zahlen

$$\mathbb{Z} = \{0, 1, -1, 2, -2, 3, -3, 4, -4, \ldots\}.$$

Es seien a, b Elemente von $\mathbb{Z}$. Man sagt, a teilt b, und man schreibt $a \mid b$, wenn ein $q \in \mathbb{Z}$ existiert, so daß $b = aq$.

So		da	
	$2 \mid 6$		$6 = 2 \cdot 3$
	$2 \mid -6$		$-6 = 2 \cdot (-3)$
	$-2 \mid 6$		$6 = (-2) \cdot (-3)$
	$-2 \mid -6$		$-6 = (-2) \cdot 3$
	$2 \mid -2$		$-2 = 2 \cdot (-1)$
	$-2 \mid 2$		$2 = (-2) \cdot (-1)$
	$a \mid (-a)$		$-a = a \cdot (-1)$
	$(-a) \mid a$		$a = (-a) \cdot (-1)$

Die Relation $|$, definiert auf $\mathbb{Z}$, ist nicht asymmetrisch:

Abb. 136

5. Die Relation ... liebt ... ist nicht asymmetrisch, z. B.:

Abb. 137

Aufgaben:
1. Die Relationen ∥ und ⊥, definiert in der Menge G der Geraden der Ebene, sind nicht asymmetrisch.
2. Beweist den Satz: Eine Relation R ist dann und nur dann asymmetrisch, wenn es ihre Reziproke auch ist.
3. Die Relation . . . hat als orthogonale Projektion auf der Geraden g . . ., definiert in der Ebene E, ist eine asymmetrische Relation.

5. Äquivalenzrelation

Definition: Jede Relation, die gleichzeitig reflexiv, symmetrisch und transitiv ist, nennt man Äquivalenzrelation.

Beispiele:
1. Die Parallelität ∥ ist eine Äquivalenzrelation, die definiert ist in der Menge G der Geraden der Ebene E.
2. Die Parallelität ist eine Äquivalenzrelation, die definiert ist in der Menge der Geraden des Raumes.
3. Die Parallelität ist eine Äquivalenzrelation, die definiert ist in der Menge der Ebenen des Raumes.
4. Die Parallelität, definiert in der Menge der Ebenen und der Geraden des Raumes, ist keine Äquivalenzrelation. (Zwei zu derselben Ebene parallele Geraden sind nicht notwendig parallel!)
5. Die Ähnlichkeit ist eine Äquivalenzrelation, die definiert ist in der Menge der Teilmengen der Ebene.

Aufgaben:
1. Es sei g eine Gerade der Ebene E. Man definiert in E eine Relation $\mathfrak{R}$, indem man für $P, Q \in E$ setzt: $P\mathfrak{R}Q \Leftrightarrow$ es gibt eine Gerade, die zu g parallel ist und $\{P, Q\}$ enthält. Die so definierte Relation ist eine Äquivalenzrelation.
2. Es sei O ein Punkt der Ebene E. Man definiert in E die Relation $\mathfrak{R}$, indem man für $P, Q \in E$ setzt: $P\mathfrak{R}Q \Leftrightarrow$ Entfernung $OP =$ Entfernung OQ. Die so definierte Relation ist eine Äquivalenzrelation.
3. Es sei g eine Gerade der Ebene E. Man definiert in E die Relation $\mathfrak{R}$, indem man für $P, Q \in E$ setzt: $P\mathfrak{R}Q \Leftrightarrow P$ und Q haben dieselbe orthogonale Projektion auf g.

6. Klasseneinteilung

a) *Klasseneinteilung definiert durch eine Äquivalenzrelation.* Es sei R eine Äquivalenzrelation, die definiert ist in einer Menge M. Wir nehmen an, daß zwei Punkte in M durch eine Linie des Graphen von R (die Richtung der Pfeile fällt weg) verbunden sind.

Abb. 138

Da die Relation symmetrisch ist, wissen wir, daß jeder der „Teilabschnitte" der Abb. 138 zu Pfeilen in beiden Richtungen führt.

Abb. 139

Als Folge der Transitivität hat man in dem Graphen einer Äquivalenzrelation jedesmal, wenn zwei Punkte a, b durch eine Linie des Graphen verbunden sind, die folgenden Verhältnisse:

Abb. 140

Daher sind jedesmal, wenn zwei Punkte des Graphen einer Äquivalenzrelation durch eine Linie des Graphen verbunden sind, diese beiden Punkte *äquivalent* bezüglich der Relation R.

Daher sind also zwei Punkte X, Y der Menge M durch eine Linie des Graphen verbunden (in diesem Falle sind X und Y äquivalent) oder aber die beiden Punkte sind überhaupt nicht verbunden. Der Graph einer Äquivalenzrelation besteht also aus Haufen, die vollkommen voneinander getrennt sind (Abb. 141).

Abb. 141

Die Menge der Haufen definiert eine *Klasseneinteilung von M*. Jedes der Stücke dieser Einteilung heißt *Äquivalenzklasse* der betrachteten Relation.

Beispiel:

Es sei M die Menge der Geraden der Ebene, die in der Abb. 142 erscheinen.

Abb. 142

Also $M = \{a, b, c, d, e, f, g, h, i, j, k, x, y\}$. Wir betrachten die in M definierte Relation $\parallel$. Um den Graphen von M aufzustellen, stellt man jedes Element von M durch einen Punkt dar. Jedesmal wenn $a \parallel b$, geht ein Pfeil vom Punkt a zum Punkt b. Dies ergibt

Abb. 143

Die durch diese Äquivalenzrelation definierte Klasseneinteilung ist

$$\{\{a, b, c\}, \ \{d, f, g\}, \ \{h, i\}, \ \{j, k\}, \ \{x\}, \ \{y\}\}.$$

b) *Äquivalenzrelation definiert durch eine Klasseneinteilung.* Gegeben sei andererseits eine Klasseneinteilung von M. Versehen wir jedes Stück der Einteilung mit einem vollständigen Graphen (d. h. der Menge aller Pfeile, die möglich und denkbar sind). Es ist einleuchtend, daß man auf diese Weise den Graphen einer Äquivalenzrelation erhält.

Aufgaben:

1. Beweist ausführlich die letzte Behauptung! (Es sind die Reflexivität, Symmetrie, Transitivität zu beweisen.)
2. Die Äquivalenzklassen für die Relation $\parallel$, definiert auf der Menge der Geraden der Ebene, sind die Richtungen dieser Ebene.

3. Die Äquivalenzklassen für die Äquivalenzrelation $\Re$, definiert in der ersten Aufgabe von Nr. 5, sind die Parallelen zu der Geraden g. Mit anderen Worten: Die Klasseneinteilung, definiert durch $\Re$, ist die durch g definierte Richtung.
4. Die durch die Äquivalenzrelation $\Re$ (s. Aufgabe 2 von Nr. 5) definierte Teilung ist die Menge der Kreise mit dem Mittelpunkt O. Jeder dieser Kreise ist eine Äquivalenzklasse. Eine dieser Klassen ist auf einen einzigen Punkt reduziert.
5. Die Klasseneinteilung, definiert durch die Äquivalenzrelation $\Re$ der Aufgabe 3 von Nr. 5, ist die senkrechte Richtung auf g (d. h. die Menge der Geraden von $I\!E$, die zu g senkrecht sind).

7. Ordnung

Die Gesellschaften und die sozialen Gruppen sind hierarchisch gegliedert, d. h. jeder hat den Befehlen von Vorgesetzten zu gehorchen. Eine Hierarchie in einer Gesellschaft definiert eine Relation in der Menge der Einzelpersonen, aus denen sich diese Gesellschaft zusammensetzt.

Versuchen wir, den Graph dieser Relation zu charakterisieren. Wenn b dem a gehorchen muß, zeichnen wir:

Abb. 144

Der einfache Soldat gehorcht dem Gefreiten, dieser dem Unteroffizier, der Unteroffizier dem Leutnant usw. Aber wenn der einfache Soldat einem Leutnant begegnet, muß er den Befehlen gehorchen, die dieser ihm geben würde. Die Relation, die eine Hierarchie bildet, muß zwangsweise *transitiv* sein.

Kann der Graph einer Hierarchie einen „Rundverkehr" darstellen (Abb. 145)?

Abb. 145

Laßt uns sehen! Widmen wir unsere Aufmerksamkeit den Punkten a und b des Graphen unserer Hierarchie. Da wir die Transitivität bereits zugelassen haben, zieht der Weg, der von a zu b geht, die Existenz eines Pfeiles von b zu a nach sich, und wir hätten:

Abb. 146

Das wäre aber absolut katastrophal!

Seit undenklichen Zeiten haben die Frauen den Männern zu verstehen gegeben, daß ein Haushalt asymmetrisch ist und daß immer gilt:

Abb. 147

oder aber

Abb. 148

Man übernimmt dieses Ergebnis der großen weiblichen Weisheit, wenn man sagt, daß eine Hierarchie *asymmetrisch* ist.

Der Graph einer Hierarchie ist transitiv und asymmetrisch und kann keinen „Rundverkehr" enthalten (da ja die Existenz eines solchen, verbunden mit der Transitivität, die Verhältnisse der Abb. 146 nach sich zieht).

Die Mathematiker nennen eine Relation, die eine Hierarchie definiert, *Ordnung*. Sie halten es für bequem, außer der Transitivität und der Asymmetrie die Reflexivität zu fordern. Man formuliert also die

Definition: Jede Relation, die gleichzeitig reflexiv, transitiv und asymmetrisch ist, nennt man Ordnung (oder Ordnungsrelation).

Man wird bemerken, daß diese ergänzende Forderung nichts Wesentliches bedeutet. In der Tat verwandelt eine einfache Änderung eine Relation, die transitiv und asymmetrisch ist, in eine Ordnungsrelation. In mathematischen Termen:

Jede transitive und asymmetrische Relation wird eine Ordnung, wenn man die Punkte, die noch keine Ringe haben, mit Ringen versieht.

Wenn man, anstatt in jedem Punkt einen Ring zu fordern, jeden Ring verbietet, erhält man eine *strenge* oder *strikte* Ordnung.

Definition: Jede transitive und asymmetrische Relation, die keinen Ring enthält, nennt man strikte Ordnung.

Indem die Mathematiker die Reflexivität von Ordnungsrelationen fordern, beachten sie ein wenig, daß jeder sich selbst gehorcht! Sich selbst gehorchen, ist aber kein Gehorchen im strengen Sinn. Ein Befehl, den man sich selbst gibt, ist kein strenger Befehl. Der Ausdruck „strenge Ordnung" muß also als ein Ganzes genommen werden und darf nicht grammatikalisch analysiert werden.

Eine strikte Ordnung ist keine Ordnung.
Eine Ordnung ist niemals eine strikte Ordnung.

Zusammenfassung:

Jede Relation, die gleichzeitig transitiv und asymmetrisch ist, definiert
– eine Ordnung: diejenigen Punkte werden mit Ringen versehen, die noch keine haben.
– eine strikte Ordnung: diejenigen Punkte werden ihrer Ringe beraubt, die damit versehen waren.

Beispiele:

1. Die Relationen $\subset$ und $\subseteq$, definiert auf jeder Menge von Mengen, sind Ordnungen.
2. Die Relationen $\leq$ und $\geq$, definiert auf der Menge der reellen Zahlen, sind Ordnungen.
3. Die Relationen $<$ und $>$, definiert auf der Menge der reellen Zahlen, sind strikte Ordnungen.
4. Die Relation $|$, definiert auf die Menge $I\!N_0 = \{0, 1, 2, 3 \ldots\}$, ist eine Ordnung.

Man wird einen wesentlichen Unterschied feststellen zwischen dem Beispiel 2 einerseits und den Beispielen 1 und 4 andererseits. Im Falle der Ordnungen $\leq$ und

⩾ ist jedes Paar von Punkten verbunden durch einen Pfeil in einem oder dem anderen Sinne. Dies ist nicht notwendig erfüllt in dem Falle der Relationen ⊂ und |. Das zeigen die folgenden Beispiele anschaulich.

Abb. 149

Abb. 150

Man stellt fest, daß kein Pfeil die Punkte B und C des Graphen miteinander verbindet. Man sagt, daß diese Ordnungen *nicht vollständig* sind. Wenn im umgekehrten Falle die reellen Zahlen a und b gegeben sind, hat man notwendigerweise $a \leqslant b$ oder $b \geqslant a$. Das bedeutet, daß es in dem Graphen einen Pfeil gibt, der von a zu b geht, oder einen Pfeil, der von b zu a geht. Man sagt, daß die Ordnung ⩽ eine *vollständige* (oder *totale*) *Ordnung* ist.

Satz: *Die Relation R ist dann und nur dann eine Ordnung, wenn es die Relation R^{-1} ebenfalls ist.*

Aufgabe: Beweist den vorstehenden Satz!

XI. Abbildungen

1. Abbildung einer Menge in sich (Transformation)

Definition: Eine Relation in einer Menge M nennt man Abbildung von M in sich oder Transformation von M, wenn ein und nur ein einziger Pfeil von jedem der Punkte ihres Graphen ausgeht.

Wenn t eine Transformation der Menge M ist und wenn $a \in M$, gibt es also einen und nur einen einzigen Pfeil von t, der von a ausgeht. Man bezeichnet den Endpunkt dieses Pfeiles mit $t(a)$. Der Punkt $t(a)$ ist das *Bild* von a durch t. Man sagt auch, daß a durch t in $t(a)$ abgebildet wird.

Abb. 151

Anmerkung: In der Definition der Transformation macht man keine Aussage über Pfeile, die in einem Punkt enden.

Beispiele:

1. Die Gleichheitsrelation definiert in einer Menge M, ist eine Transformation. Es ist die Abbildung von M, die jeden Punkt auf sich selbst abbildet. Daher nennt man sie auch die *identische Abbildung*. Der Graph ist gegeben in Abb. 102: ein Ring in jedem Punkt, das ist alles.

$$\text{Gleichheitsrelation definiert in einer Menge } M = \text{identische Abbildung in } M$$

Abb. 152

2. Die Abb. 152 liefert ein anderes extremes Beispiel einer Abbildung. Die *konstante Abbildung* einer Menge M bildet alle Punkte von M auf einen einzigen Punkt a ab. Diese Abbildung t ist also definiert durch $t \times = a$ für alle $\times \in M$.
3. Die orthogonale Projektion auf eine Gerade g, definiert in der Ebene $I\!E$, ist eine Abbildung von $I\!E$ in sich.
4. Die Spiegelung S_g an einer Geraden g, definiert in der Ebene $I\!E$, ist eine Abbildung von $I\!E$ in sich.
5. Die Spiegelung S_P an einem Punkt P, definiert in der Ebene $I\!E$, ist eine Abbildung von $I\!E$ in sich.

2. Verknüpfung $s \circ t$

Widmen wir unsere Aufmerksamkeit einem Punkt $x \in M$ und den Abbildungen s und t von M in sich. Da t eine Transformation ist, geht von x ein und nur ein einziger Pfeil von t aus. Er endet in $t(x)$. Da $t(x)$ ein Punkt von M ist und s eine Transformation von M, geht von $t(x)$ ein und nur ein einziger Pfeil von s aus, er endet in $s(t(x))$. Auf diese Weise erhält man einen Pfeil von $s \circ t$. Es gibt genau einen Pfeil, der von x ausgeht und in $s(t(x))$ endet. Man hat daher die ergänzende Festlegung getroffen, daß

$$s \circ t(x) = s(t(x)).$$

Dieser einfache Zusammenhang erlaubt uns, einfach zu schreiben

$$s\, t\,(x).$$

Abb. 153

Beispiele *(Fortsetzung)*:

6. Jede Drehung, definiert in der Ebene E, um einen Punkt P ist eine Abbildung von E in sich. (Wir wissen, daß jede Drehung das Produkt zweier Spiegelungen ist, deren Achsen sich in P schneiden.)
7. Das Produkt zweier axialer Spiegelungen an parallelen Achsen ist eine Translation, und jede Translation kann auf diese Weise erhalten werden. Jede Translation ist also eine Abbildung der Ebene E in sich.

Abb. 154

8. Die Relation ... hat als Vater (Abb. 94) ... ist keine Abbildung der Menge der betrachteten Personen in sich.
9. Die Relation ... hat als Doppeltes ..., definiert in der Menge R der reellen Zahlen $R \to R: x \to 2x$, ist eine Abbildung von R in sich.
10. Die Relation $R \to R: x \to 2x - 7$ ist eine Abbildung von R.

Ebenso: $\quad R \to R: x \to x^2$
$\qquad\qquad R \to R: x \to x^3$
$\qquad\qquad R \to R: x \to x + 5$
$\qquad\qquad R \to R: x \to x \quad$ (identische Abbildung)

Aufgaben:

Es sei K die Menge der Kreise der Ebene E. Da jeder Punkt ein Kreis mit dem Radius Null ist, hat man also $E \subset K$.

1. Kreis von $E \to$ Mittelpunkt dieses Kreises ist eine Abbildung von E in sich. Entsprechend ist
2. Kreis $k \to$ konzentrischer Kreis von doppeltem Radius ist eine Abbildung von K in sich.

3. Fixpunkte

Fixpunkt einer Abbildung t der Menge M in sich nennt man jeden Punkt, der sein eigenes Bild bei dieser Abbildung ist. Mit anderen Worten: Ein Punkt $x \in E$ ist ein Fixpunkt der Abbildung t dann und nur dann, wenn $t(x) = x$. Mit noch anderen Worten: Ein Fixpunkt einer Abbildung ist ein Punkt, der geschmückt ist mit einem Ring in dem Graphen dieser Abbildung.

Beispiel:

Die Gerade g ist die Menge der Fixpunkte der Spiegelung S_g an der Geraden g.

Aufgaben:

1. Bestimme die Menge der Fixpunkte der Spiegelung S_P an dem Punkt P, definiert in der Ebene E.
2. Welches sind die Fixpunkte der orthogonalen Projektion an der Geraden g, definiert in der Ebene E?

4. Abbildung einer Menge auf sich (Permutationen)

*Definition: Eine Relation t nennt man Abbildung von M **auf** sich oder Permutation der Menge M, während t und t^{-1} Abbildungen von M in sich sind.*

t ist eine Permutation $\Leftrightarrow$ t und t^{-1} sind Transformationen.

Man erhält die Relation t^{-1}, wenn man die Richtung aller Pfeile von t ändert. Da t eine Abbildung ist, geht ein und nur ein einziger Pfeil von t von jedem Punkt von M aus. Da t^{-1} eine Abbildung ist, geht ein und nur ein einziger Pfeil von t^{-1} von jedem Punkt von M aus. Somit folgt, daß ein und nur ein einziger Pfeil von t in jedem Punkt von M endet: Daher:

t ist eine Abbildung von M auf sich (Permutation)
$\Leftrightarrow$ Jeder Punkt von M ist der Ausgangs- und der Endpunkt eines und nur eines einzigen Pfeiles.

t ist eine Abbildung von M auf sich (Permutation)
$\Leftrightarrow$ In jedem Punkt des Graphen ist die Lage wie folgt:

Abb. 155

Beispiele:

1. Die identische Abbildung einer Menge in sich ist eine Permutation.
2. Die Spiegelung S_g an der Geraden g, definiert in der Ebene E, ist eine Permutation.
3. Die Transformation $x \to 2x + 3$ ist eine Permutation der Menge der reellen Zahlen.
4. Die Transformation $x \to x + 1$ ist eine Permutation der Menge der reellen Zahlen. Sie ist auch eine Permutation der Menge der ganzen Zahlen $\mathbb{Z} = \{0, 1, -1, 2, -2, \ldots\}$.
5. Die Transformation $x \to x + 1$, definiert in $\mathbb{N}_0 = \{0, 1, 2, \ldots\}$, ist keine Permutation (kein Pfeil endet in O).
6. Die Abbildung $\mathbb{R} \to \mathbb{R}: x \to x^2$ ist keine Permutation von $\mathbb{R}$ (kein Pfeil endet in -1; zwei Pfeile enden in 4).
7. Die orthogonale Projektion der Ebene E auf eine ihrer Geraden g ist keine Permutation.
8. Jeder der folgenden Graphen definiert eine Permutation.

Abb. 156–161

Die Permutationen, definiert durch die Graphen der Abbildungen 156–160 heißen *Zyklen*; genauer gesagt, es sind Zyklen *auf* den betrachteten Mengen.

So ist die Abb. 158 der Graph eines Zyklus, definiert auf einer Menge von drei Dingen. Man sagt, daß diese Permutation ein Zyklus der Ordnung 3 ist. Indem wir die Ausdrucksweise erweitern, sagen wir, daß die Abb. 161 einen *unendlichen Zyklus* definiert. (Aber um es richtig zu sagen: Ein unendlicher Zyklus ist kein Zyklus!)
9. Man erhält auch eine Permutation, indem man gewisse der voranstehenden Graphen nebeneinander stellt.

Abb. 162

In der Tat ist es einfach zu zeigen, daß jede Permutation die Eigenschaften aufweist, die in Abb. 162 auftreten.

Satz: *Jede Permutation einer Menge definiert eine Klasseneinteilung dieser Menge. Sie ist die Vereinigung der auf den Klassen dieser Einteilung definierten endlichen und unendlichen Zyklen.*

Beispiel:

Betrachten wir als Permutation die Spiegelung der Ebene an der Geraden g. Die Klasseneinteilung ist die Menge der symmetrischen Paare in bezug auf die Gerade g und der auf die Punkte von g reduzierten Mengen. Der auf einem symmetrischen Paar definierte Zyklus permutiert die Punkte des Paares.

Abb. 163

Aufgabe:
Behandelt andere Beispiele von Permutationen auf dieselbe Weise!

Könntet ihr den oben aufgestellten Satz beweisen? Versucht es! Es ist oft leichter, selbst einen Beweis zu entdecken als den folgenden Beweis zu lesen und zu verstehen. Die Idee des Beweises besteht darin, sich von einem Punkt x der Menge M aus vorwärts zu bewegen, indem man immer und immer wieder die gleiche Annahme benutzt. Wir haben es mit einer Permutation zu tun. Daher endet in jedem Punkt des Graphen genau ein Pfeil und beginnt genau ein Pfeil.
Es sei f eine Permutation der Menge M. (Wir sagen kurz: Permutation der Menge M anstelle von Permutation definiert in der Menge M.) Betrachten wir den Graphen dieser Permutation. Es sei $x \in M$. Da f eine Permutation von M ist, zeigt der Graph in x die folgende Ansicht:

Abb. 164

Wir wollen nacheinander alle Möglichkeiten prüfen.
Die beiden Pfeilenden der Abb. 164 sind die Enden desselben Pfeiles. Der Pfeil ist also ein Ring, der den Punkt x schmückt.

Abb. 165

Der Punkt x ist dann *gesättigt:* Wir wollen damit sagen, daß man alle Pfeile gezeichnet hat, die durch x gehen. Daher kann es keine andere Linie des Graphen geben, die x mit dem Rest des Graphen verbindet.

Der Pfeil, der von x ausgeht, endet nicht in x. Wir wissen, daß der Endpunkt des Pfeiles des Graphen von f, der von x ausgeht, $f(x)$ ist. Wir nehmen also an, daß $f(x) \neq x$. In diesem Falle kann der Pfeil, der in x endet, nicht von x kommen, denn dann würden zwei verschiedene Pfeile von x ausgehen. Der Ausgangspunkt des Pfeiles von f, der in x endet, wird mit $f^{-1}(x)$ bezeichnet.

Es ist durchaus möglich, daß man hat

$$x \neq f(x) = f^{-1}(x).$$

Dies führt zu der in Abb. 166 beschriebenen Situation:

Abb. 166

Die Punkte x und $f(x)$ sind gesättigt; keine andere Linie des Graphen verbindet die Abb. 166 mit dem Rest des Graphen.

Es bleibt noch die Annahme $x \neq f(x) \neq f^{-1}(x) \neq x$. Diese Lage zeigt sich in Abb. 167.

Abb. 167

Die Punkte $f^{-1}(x)$ und $f(x)$ sind nicht gesättigt in der Abb. 167. Gehen wir auf unserem Weg weiter, und zeichnen wir die Enden der Pfeile, die in $f^{-1}(x)$ enden und von $f(x)$ ausgehen.

Abb. 168

Beginnen wir von neuem!

Die Pfeilenden der Abb. 168 sind die Enden desselben Pfeiles:

Abb. 169

Alle Punkte der Abb. 169 sind gesättigt. Keine Linie des Graphen verbindet die Abb. 169 mit dem Rest des Graphen.

Die Pfeilenden, die in Abb. 168 sichtbar sind, sind verschiedene Pfeilenden. Nichts spricht dagegen, daß der Endpunkt des Pfeiles, der von $f(x)$ ausgeht, dieser Endpunkt wird bezeichnet mit $f(fx) = f^2(x)$, zusammenfällt mit dem Ursprungspunkt des Pfeiles, der in $f^{-1}(x)$ endet. Der Ursprungspunkt wird bezeichnet mit $f^{-2}(x) = f^{-1}(f^{-1}(x))$. Der Fall $f^2(x) = f^{-2}(x)$ wird dargestellt in Abb. 170, deren Punkte alle gesättigt sind.

Abb. 170

Wenn $f^{-2}(x) \neq f^2(x)$, hat man die Lage

Abb. 171

Wenn euch dieses Vorgehen gefällt, fangt wieder von vorn an!

Wir sehen, daß durch jeden Punkt x von M ein geschlossener „Rundverkehr" oder eine „doppelt unendliche Leiter" hindurchgeht.

Abb. 172

Da dies für jeden Punkt von M entsprechend gilt und da alle Punkte des „Rundverkehrs" und der „Leitern" gesättigt sind, ist die Behauptung des Satzes bewiesen.

5. Permutationen einer endlichen Menge

Es sei M eine endliche Menge, und es sei f eine Permutation dieser Menge. Wir können auf f den Satz des vorhergehenden Abschnittes anwenden. Aber diesmal sind wir sicher, daß wir keinem unendlichen Zyklus begegnen, da ein unendlicher Zyklus nur in einer unendlichen Teilmenge definiert sein kann. Die Permutation f definiert eine Klasseneinteilung von M. Diese besteht aus einer endlichen Anzahl endlicher Teilmengen! Auf jede Teilmenge *induziert* die Permutation f einen Zyklus. Daher sieht der Graph von f folgendermaßen aus:

Abb. 173

Betrachten wir im besonderen eine Permutation, die von *zwei* (disjunkten) Zyklen gebildet wird.

Abb. 174

Die Graphen

Abb. 175

und

Abb. 176

sind keine Permutationsgraphen, denn diese Abbildungen enthalten Punkte, in denen kein Pfeil beginnt oder endet. Man transformiert diese Graphen in Graphen echter Permutationen, indem man die Punkte, die hier ganz isoliert stehen, mit Ringen schmückt.

Abb. 177

Abb. 178

Wir sagen, daß die Graphen 177 und 178 einen *Zyklus in der Menge M* definieren.

Aufgaben:

1. Betrachten wir eine Menge von 10 Schülern, die verschiedene Namen haben. Man schreibt die Namen auf Pappstücke, die wie Spielkarten gemischt werden. Die Karten werden anschließend an die Schüler verteilt, so daß jeder Schüler eine einzige Karte erhält.
   Man definiert den Graphen wie folgt: Ein Pfeil geht von einem Schüler zu demjenigen, dessen Name auf der Karte steht, die er erhalten hat. Man kann die Sache veranschaulichen, indem man jeden Schüler bittet, mit der rechten Hand die linke Hand des Schülers zu fassen, dessen Name auf der Karte steht, die er besitzt. Dieser Graph definiert eine Permutation.
   Die reziproke Permutation soll auf dieselbe Art (durch Händehalten) dargestellt werden. Bestimmt die 2., 3. usw. Potenzen der besagten Permutation!
2. Gegeben sind die Zahlen 1, 2, 3, 4, 5, 6, 7, 8, 9. Man setzt sie in beliebiger Reihenfolge in zwei Reihen:

$$\begin{pmatrix} 2 & 3 & 1 & 4 & 7 & 6 & 9 & 5 & 8 \\ 9 & 5 & 1 & 2 & 4 & 6 & 8 & 3 & 7 \end{pmatrix}$$

Auf diese Weise hat man eine Permutation definiert. Die Pfeile gehen von jeder Zahl der oberen Reihe zu derjenigen der unteren Reihe. Um die reziproke Permutation zu erhalten, genügt es, die Reihen zu vertauschen:

$$\begin{pmatrix} 2 & 3 & 1 & 4 & 7 & 6 & 9 & 5 & 8 \\ 9 & 5 & 1 & 2 & 4 & 6 & 8 & 3 & 7 \end{pmatrix}^{-1} = \begin{pmatrix} 9 & 5 & 1 & 2 & 4 & 6 & 8 & 3 & 7 \\ 2 & 3 & 1 & 4 & 7 & 6 & 9 & 5 & 8 \end{pmatrix}$$

Abb. 179

Auch wenn man die Zahlen 1 bis 9 anders verteilt in der Abb. 179, zeichnet man leicht den Graphen der betrachteten Permutation. Die Zyklen erscheinen stets klar. Man kennzeichnet sie einfach durch:

(2 9 8 7 4)   (1)   (3 5)   (6).

Man kann also schreiben:

$$\begin{pmatrix} 2 & 3 & 1 & 4 & 7 & 6 & 9 & 5 & 8 \\ 9 & 5 & 1 & 2 & 4 & 6 & 8 & 3 & 7 \end{pmatrix} = (2\ 9\ 8\ 7\ 4) \circ (1) \circ (3\ 5) \circ (6).$$

Entsprechend gilt (die Schreibweise ist nur vereinfacht worden):

$$\begin{pmatrix} 2 & 3 & 1 & 4 & 7 & 6 & 9 & 5 & 8 \\ 9 & 5 & 1 & 2 & 4 & 6 & 8 & 3 & 7 \end{pmatrix} = (2\ 9\ 8\ 7\ 4) \circ (3\ 5)$$

3. Es gilt

$$(2\ 3\ 9\ 4) = \begin{pmatrix} 2 & 3 & 9 & 4 & 1 & 5 & 6 & 7 & 8 \\ 3 & 9 & 4 & 2 & 1 & 5 & 6 & 7 & 8 \end{pmatrix}.$$

Hierfür schreibt man auch:

$$\begin{pmatrix} 2 & 3 & 9 & 4 & 1 & 5 & 6 & 7 & 8 \\ 3 & 9 & 4 & 2 & 1 & 5 & 6 & 7 & 8 \end{pmatrix} = \begin{pmatrix} 2 & 3 & 9 & 4 \\ 3 & 9 & 4 & 2 \end{pmatrix}$$

Ein weiteres Beispiel:

$$\begin{pmatrix} 1 & 2 & 3 & 4 & 5 & 6 & 7 & 8 & 9 \\ 1 & 5 & 3 & 2 & 4 & 9 & 7 & 8 & 6 \end{pmatrix} = \begin{pmatrix} 2 & 4 & 5 & 6 & 9 \\ 5 & 2 & 4 & 9 & 6 \end{pmatrix}$$

4. Es gilt:

(1 2 3 4)   = (2 3 4 1) = (3 4 1 2)
(1 2 3 4)$^{-1}$ = (4 3 2 1)

5. Zerlege die Permutationen in ein Produkt von Zyklen:

$$\begin{pmatrix} 1 & 2 & 3 & 4 & 5 & 6 & 7 & 8 & 9 \\ 4 & 2 & 9 & 1 & 5 & 7 & 6 & 3 & 8 \end{pmatrix}, \quad \begin{pmatrix} 1 & 2 & 3 & 4 & 5 & 6 & 7 & 8 & 9 \\ 9 & 8 & 7 & 6 & 5 & 4 & 3 & 2 & 1 \end{pmatrix}$$

6. Funktionen

Könnt ihr euch an die Definition der Abbildung von M in sich (Transformation) erinnern? Transformation einer Menge nennt man jede Relation, definiert in dieser Menge M derart, daß ein und nur ein einziger Pfeil von jedem Punkt von M ausgeht. Betrachten wir jetzt eine in M derart definierte Relation, daß von jedem Punkt von M höchstens ein Pfeil ausgeht. Zeichnen wir den Graphen einer solchen Relation:

Abb. 180

Die Menge der Punkte von M, von denen ein Pfeil ausgeht, nennen wir A. Umgeben wir diese Menge mit einem Band, so daß sie wie Abb. 180 erscheint. Man sagt, der Graph der Abb. 180 definiert eine **Funktion** oder eine **Abbildung** von A in M. Wir werden diesen Begriff genauer erläutern.

Definition: Es seien A und B zwei Mengen. Funktion (oder Abbildung) von A in B nennt man jede auf $A \cap B$ definierte Relation, wenn von jedem Punkt von A ein und nur ein einziger Pfeil ausgeht, der in B endet. Diese Pfeile sind die einzigen Pfeile des Graphen.

Da es sich um eine Funktion von A in B handelt, wird sie auch mit $A \to B$ bezeichnet. Man gibt an, daß f eine Funktion von A in B bezeichnet, indem man einfach schreibt:

$$f: A \to B.$$

Abb. 181

Aufgaben:
1. Eine Abbildung der Menge M in sich ist eine Funktion $M \to M$.
2. Die Relation R (Abb. 92) definiert eine Funktion einer Teilmenge A von M in eine Teilmenge B von M. In dem Graphen sollen die Schnüre um solche Mengen gelegt werden, daß A so groß wie möglich und B so klein wie möglich wird.
3. Setzt in der Abb. 94 Schnüre um die folgenden Mengen herum:
   A: Menge der Väter, die mindestens einen Sohn in der Menge besitzen,
   B: Menge der vorhandenen Personen, deren Vater eingezeichnet ist.

Die vorstehenden Aufgaben stellen Beispiele für Funktionen dar. Geben wir noch andere Beispiele von solcher Art an, daß sie die Bedeutung des Begriffes der Funktion in allen Teilen der Mathematik in Erscheinung treten lassen.

Beispiele:
1. Es sei M eine Menge von Mengen und V die Vereinigung dieser Mengen. Die Relation „ist Element von" ist im allgemeinen keine Funktion $V \to M$, denn es kann passieren, daß derselbe Gegenstand $a \in V$ zu mehreren Mengen von M gehört. Dies ist z. B. der Fall in der folgenden Abbildung, in der $M = \{A, B\}$.

Abb. 182

Wenn M eine Klasseneinteilung der Menge V ist, dann ist die Relation „ist Element von" eine Funktion $V \to M$.

Wenn $\triangle$ eine Richtung der Ebene $I\!\!E$ bezeichnet, ist die Zugehörigkeit eine Funktion $I\!\!E \to \triangle$: Jeder Punkt von $I\!\!E$ gehört zu einer und nur einer einzigen Geraden der Richtung.

2. Die orthogonale Projektion der Ebene $I\!\!E$ auf die Gerade g dieser Ebene ist sicher eine Abbildung von $I\!\!E$ in sich. Sie ist ebenfalls eine Funktion $I\!\!E \to g$.
3. *Die Cosinus-Funktion.* Anstatt die ganze Ebene auf eine ihrer Geraden zu projizieren, kann man einen Teil der Ebene projizieren. Man erhält eine sehr wichtige Funktion, wenn man einen Kreis orthogonal auf einen seiner Durchmesser projiziert.

Abb. 183

Es sei ein Kreis k gegeben und einer seiner Durchmesser d. Einen der Durchschnittspunkte von k und d nennen wir a (also $a \in k \cap d$).

Abb. 184

Dann gehört zu jedem Punkt P des Kreises ein Winkel

$$x = \text{Winkel } AOP.$$

Wir wollen die Punkte von d markieren, wie wir es gewohnt sind. Die Punkte sind vollkommen bestimmt, wenn man festlegt, daß der Punkt O mit 0 (Null) und der Punkt A mit 1 bezeichnet wird. Sogleich wird A' (der andere Durchschnittspunkt von d und k) mit -1 bezeichnet werden. Es sei Q die Projektion von P auf d. Der Winkel legt den Punkt P fest und bestimmt Q sowie die Zahl, die Q markiert. Diese Zahl wird Cosinus von x genannt und mit $\cos x$ bezeichnet. Man hat also eine Funktion $\cos$ definiert:

$$\text{Menge der Winkel} \to [-1, 1:]$$
$$x \to \cos x.$$

Aufgaben:

1. Es gilt nach Abb. 184 $k \cap d = \{A, A'\}$.
2. Wenn man mit R den rechten Winkel bezeichnet, so gilt

$$\begin{aligned}\cos 0° &= 1\\ \cos (1\,\text{R}) &= 0\\ \cos (2\,\text{R}) &= -1\\ \cos (3\,\text{R}) &= 0\\ \cos (4\,\text{R}) &= 1\end{aligned}$$

3. Es sei x ein Winkel. Wenn $0 < x < 1\,\text{R}$, dann $0 < \cos x < 1$; wenn $1\,\text{R} < x < 2\,\text{R}$, dann $-1 < \cos x < 0$.

7. Surjektionen – Injektionen – Bijektionen

Wiederholen wir noch einmal: Eine Funktion $f: A \to B$ ist eine Relation, definiert in $A \cup B$, deren Graph aus Pfeilen, die von A zu B gehen, besteht. Von jedem

Punkt a von A geht ein und nur ein einziger Pfeil $(a, f(a))$ aus. Gewisse Punkte von B können Endpunkt mehrerer Pfeile sein. Z. B. im Falle der Funktion $\mathbb{R} \to \mathbb{R}: x \to x^2$ enden zwei Pfeile in 4, die Pfeile $(-2, 4)$ und $(2, 4)$. Dagegen ist der Punkt -2 der Endpunkt keines Pfeiles. Daher werden im Falle einer Funktion $f: A \to B$ gewisse Punkte von B von keinem Pfeil besucht. Diese „Enterbten" scheinen irgendwie am Spiel nicht teilzunehmen. Sicher kann es geschehen, daß die Funktion $f: A \to B$ so ist, daß es in B keine Enterbten gibt. Man sagt in diesem Falle, daß die Funktion *surjektiv* ist, oder auch, daß sie eine *Surjektion* ist. Man drückt diese Tatsache auch aus, indem man sagt, f bildet A *auf* B ab.

Abb. 185

Beispiele:

1. Die identische Abbildung einer Menge M in sich ist eine Surjektion $M \to M$.
2. Jede Permutation von M ist eine Surjektion $M \to M$.
3. Es sei A eine Menge, enthalten in einer Menge B, aber von dieser verschieden. Die identische Abbildung von A in B ist keine Surjektion.

Abb. 186

4. Die Transformation $\mathbb{R} \to \mathbb{R}: x \to 2x + 3$ ist eine Permutation von $\mathbb{R}$ und daher eine Surjektion $\mathbb{R} \to \mathbb{R}$.

Aufgaben:

1. Sucht die surjektiven und nicht surjektiven Funktionen aus den Beispielen heraus, die ihr kennt!
2. Die orthogonale Projektion der Ebene $\mathbb{E}$ auf die Gerade g ist eine Surjektion $\mathbb{E} \to g$.
3. Von einer Funktion $A \to B$ ausgehend, definiert eine Surjektion $A \to \ldots$ (Grausamkeit: tötet die Enterbten von B!)

Wiederholen wir:

Eine Surjektion $A \to B$ ist eine Funktion $A \to B$ derart, daß in jedem Punkt von B mindestens ein Pfeil endet.

Wir definieren entsprechend:

Injektion (oder injektive Funktion) nennt man eine Funktion $A \to B$, wenn in jedem Punkt von B höchstens ein Pfeil endet. Mit anderen Worten: Wenn x und y verschiedene Punkte von A sind, enden die Pfeile, die von x und von y ausgehen, in verschiedenen Punkten von B: $f(x) \ne f(y)$.

Die Funktion $f: A \to B$ $\Leftrightarrow$ Wenn x und y Punkte von A sind,
ist injektiv so gilt $x \ne y \Leftrightarrow f(x) \ne f(y)$.

Abb. 187

Beispiele:

1. Wenn $A \subset B$, dann ist die identische Abbildung $A \to B$ eine Injektion.
2. Jede Permutation einer Menge M ist eine Injektion $M \to M$.
3. Die Transformation $I\!R \to I\!R : x \to 3x + 7$ ist injektiv.
4. Die Transformation $I\!R \to I\!R : x \to x^2$ ist nicht injektiv.
5. Die Spiegelung der Ebene $I\!E$ an der Geraden g ist eine injektive Funktion $I\!E \to I\!E$.

Abb. 188

Wir haben gerade gesehen, daß die Permutationen einer Menge M Funktionen $M \to M$ sind, die gleichzeitig surjektiv und injektiv sind. Solche Funktionen heißen *bijektiv*. Man nennt sie auch *Bijektionen*.

Definition: Bijektion nennt man jede Funktion $A \to B$, die gleichzeitig injektiv und surjektiv ist.

Diese Funktion ist injektiv ⇔ In jedem Punkt von B endet höchstens ein Pfeil.

Diese Funktion ist surjektiv ⇔ In jedem Punkt von B endet mindestens ein Pfeil.

Also gilt:

$f : A \to B$ ist eine Bijektion ⇔ In jedem Punkt von B endet genau ein Pfeil. f^{-1} ist eine Funktion.

Die Relation f ist eine Bijektion ⇔ f und f^{-1} sind Funktionen.

Aufgabe:

Eine Permutation einer Menge M ist eine Bijektion $M \to M$.

8. Kardinalzahl

Auf der Bühne eines Theaters erscheint eine Volkstanzgruppe. Jeder Junge hält an der Hand ein Mädchen. Sie bewegen sich nach allen Richtungen, ohne sich jemals loszulassen. Bei diesem steten Wechsel ist es unmöglich, sie zu zählen. Und dennoch wissen wir, daß es in dieser Gruppe ebenso viele Mädchen wie Jungen gibt. Warum wissen wir es? Wir haben doch überhaupt nicht gezählt? Aber das Händehalten dieser Mädchen und Jungen stellt eine Bijektion auf: Menge der Jungen $\to$ Menge der Mädchen.

Wir sagen, daß zwei Mengen A und B dieselbe Anzahl von Elementen besitzen oder daß sie dieselbe *Kardinalzahl* dann und nur dann haben, wenn es eine Bijektion $A \to B$ gibt. Wir schreiben abgekürzt $\tilde{A}$ für „Kardinalzahl von A". Daher schreiben wir:

$$\tilde{A} = \tilde{B} \Leftrightarrow \text{Es gibt eine Bijektion } A \to B.$$

Mit einer solchen Definition hat man glücklicherweise

$$\tilde{M} = \tilde{M}$$
$$\tilde{A} = \tilde{B} \Leftrightarrow \tilde{B} = \tilde{A}.$$

Aufgaben:
1. Beweist die vorstehenden Behauptungen!
2. Wenn f eine Bijektion ist, ist es f^{-1} ebenfalls.

Wir haben oben gesehen, daß man eine Funktion $f: A \to B$ in eine Surjektion $A \to B'$ transformieren kann, wobei B' eine Teilmenge von B ist (die man das Bild von A durch f nennt).

Nehmen wir nun an, daß die Funktion f injektiv sei. Die Surjektion $A \to B'$ ist dann eine Bijektion. Wenn es also eine Injektion $A \to B$ gibt, dann gibt es eine Bijektion $A \to B' \subset B$. Mit anderen Worten: Wenn es eine Injektion $A \to B$ gibt, dann ist die Kardinalzahl $\tilde{A}$ gleich derjenigen einer Teilmenge von B, d. h.:

$$\tilde{A} \leqslant \tilde{B} \Leftrightarrow \text{Es gibt eine Injektion } A \to B.$$

Satz: *Es gibt eine Injektion $A \to B \Leftrightarrow$ Es gibt eine Surjektion $B \to A$.*

1. Nehmen wir eine Injektion $A \to B$ als gegeben an. Es gibt dann einen Pfeil, der von jedem Punkt von A zu B geht. Wenn man diese Pfeile umkehrt, endet ein umgedrehter Pfeil in jedem Punkt von A. Von gewissen Pfeilen von B geht kein neuer Pfeil aus. Es ist leicht, dieses Unpassende zu beseitigen und eine Surjektion $B \to A$ zu erhalten:

Abb. 189

2. Nehmen wir eine Surjektion $A \to B$ als gegeben an. Diesmal endet in jedem Punkte von B mindestens ein Pfeil, der von A kommt. Wenn man genau einen der Pfeile umkehrt, der in jedem Punkt von B endet, erhält man eine Injektion.

Abb. 190

Wir können also schließen

$$\tilde{B} \leqslant \tilde{B}$$

Es gibt eine Injektion ⇔ Es gibt eine Surjektion
$A \to B$ $\qquad\qquad\qquad B \to A$

9. Verknüpfung von Funktionen

Es seien beliebige Mengen A, B, C und Funktionen $f: A \to B$ und $g: B \to C$ gegeben.

Abb. 191

Von jedem Punkt a von A geht ein und nur ein einziger Pfeil des Graphen von f aus. Das ist der Pfeil $(a, f(a))$. Da $f(a) \in B$ und da g eine Funktion $B \to C$ ist, geht von $f(a)$ ein und nur ein einziger Pfeil von g aus, nämlich der Pfeil $(f(a), g(f(a)))$. Es geht daher von jedem Punkt $a \in A$ ein genau bestimmter Pfeil aus, der von A zu C geht; das ist der Pfeil $(a, g(f(a)))$. Die Menge dieser Pfeile definiert eine Funktion $A \to C$, die man die Zusammengesetzte oder **Kettenfunktion** aus f und g nennt und die man mit $g \circ f$ bezeichnet. Die zusammengesetzte Funktion $g \circ f$ ist also definiert durch

$$(g \circ f)(a) = g(f(a)) \text{ für alle } a \in A.$$

Satz 1:   *Die Zusammengesetzte von zwei Injektionen ist eine Injektion.*

Es seien $f: A \to B$ und $g: B \to C$ Injektionen. Die Zusammengesetzte $g \circ f$ ist eine Funktion
$$g \circ f: A \to C \text{ mit } (g \circ f)(a) = g(f(a))$$

Wir müssen beweisen, daß $g \circ f$ eine Injektion ist. Es seien x, y verschiedene Punkte von $A (x \neq y)$. Da f eine Injektion ist, gilt $f(x) \neq f(y)$. Da g eine Injektion ist, hat man $g(f(x)) \neq g(f(y))$. Also
$$(g \circ f)(x) = g(f(x)) \neq g(f(y)) = (g \circ f)(y).$$
Daher
$$x \neq y \Rightarrow (g \circ f)(x) \neq (g \circ f)(y).$$

Dies beweist, daß $g \circ f$ eine Injektion ist!

Satz 2:   *Die Zusammengesetzte von zwei Surjektionen ist eine Surjektion.*

Es seien die Surjektionen $f: A \to B$ und $g: B \to C$ gegeben. Man soll zeigen, daß die Zusammengesetzte
$$g \circ f: A \to C \text{ mit } (g \circ f)a = g(fa)$$
surjektiv ist. Es sei $c \in C$. Da g surjektiv ist, gibt es ein $b \in B$, so daß $g(b) = c$. Da aber $f: A \to B$ surjektiv ist, gibt es ein $a \in A$, so daß $f(a) = b$. Man hat also $g(b) = c$ und $b = f(a)$, somit $g(f(a)) = c$ und $c = (g \circ f)(a)$. Dies beweist, daß $g \circ f$ surjektiv ist.

Satz 3:   *Die Zusammengesetzte von zwei Bijektionen ist eine Bijektion.*

Aufgabe:

Beweist den Satz 3! Benutzt Satz 1 und 2 sowie die Definitionen der Bijektion!

Satz 4:   Wenn $\tilde{A} = \tilde{B}$ und $\tilde{B} = \tilde{C}$, so gilt $\tilde{A} = \tilde{C}$.

Es bedeutet $\tilde{A} = \tilde{B}$, daß es eine Bijektion $f: A \to B$ gibt.
Es bedeutet $\tilde{B} = \tilde{C}$, daß es eine Bijektion $g: B \to C$ gibt. Die Zusammengesetzte $g \circ f$ ist also auf Grund von Satz 3 eine Bijektion $A \to C$. Das bedeutet: $\tilde{A} = \tilde{C}$.

Satz 5: $\tilde{A} \leq \tilde{B}$ und $\tilde{B} \leq \tilde{C} \Rightarrow \tilde{A} \leq \tilde{C}$.

Es bedeutet $\tilde{A} \leq \tilde{B}$, daß es eine Injektion $f: A \to B$ gibt.
Es bedeutet $\tilde{B} \leq \tilde{C}$, daß es eine Injektion $g: B \to C$ gibt.
Auf Grund von Satz 1 ist also $g \circ f$ eine Injektion $A \to C$. Dies zeigt: $\tilde{A} \leq \tilde{C}$.

10. Satz von Bernstein

Wenn $\tilde{A} = \tilde{B}$, gibt es eine Bijektion $A \to B$. Die Bijektion $A \to B$ ist eine Injektion $A \to B$. Also ist $\tilde{A} \leq \tilde{B}$. Die Bijektion $A \to B$ ist auch eine Surjektion $A \to B$.

Also ist $\tilde{A} \leqslant \tilde{B}$. Daher
$$\tilde{A} = \tilde{B} \Rightarrow \tilde{A} \leqslant \tilde{B} \text{ und } \tilde{B} \leqslant \tilde{A}.$$

Wir werden diese Aussage umkehren:
$$\tilde{A} \leqslant \tilde{B} \text{ und } \tilde{B} \leqslant \tilde{A} \Rightarrow \tilde{A} = \tilde{B}.$$

Wir müssen also beweisen:

Wenn es eine Injektion $A \to B$ und eine Injektion $B \to A$ gibt, dann gibt es eine Bijektion $A \to B$. Das ist der Satz von *Bernstein*.

Bevor wir zum Beweis dieses Satzes übergehen, betrachten wir diese Aussage bei einfachen endlichen Mengen. Eine Menge K von Kindern steht einer Menge B von Bonbons gegenüber. Man erlaubt jedem Kind, einen und nur einen einzigen Bonbon zu nehmen. Nach der Verteilung erhebt sich kein Schrei: jedes Kind hat sich bedienen können. Man hat eine Injektion $K \to B$ realisiert (ein Pfeil geht von jedem Kind zu dem gewählten Bonbon). Wir schließen: $\tilde{K} \leqslant \tilde{B}$. Man verlost die übriggebliebenen Bonbons.

Jeder Bonbon von B ist einem Kind gegeben worden (Funktion $B \to K$), und jedes Kind hat mindestens einen Bonbon erhalten (Surjektion $B \to K$). Wir haben die Tatsache veranschaulicht, daß die Existenz einer Injektion $K \to B$ die Existenz einer Surjektion $B \to K$ nach sich zieht.

Das Schauspiel, das beschrieben wurde, zeigt sich bei einer disziplinierten Gruppe. Gibt es keine Disziplin, dann stürzen sich die Kinder auf die Bonbons und nehmen sich davon mit vollen Händen. Sofern die Kinder körperlich gleich kräftig sind und es genug Bonbons gibt, erhält man anfangs eine Surjektion $B \to K$ (ein Pfeil geht von jedem Bonbon zu einem Kind). Man realisiert die Injektion $K \to B$, indem man die Kinder auffordert, nur einen einzigen Bonbon zu behalten. Wir haben jetzt die Tatsache veranschaulicht, daß die Existenz einer Surjektion $B \to K$ die Existenz einer Injektion $K \to B$ nach sich zieht.

Diese Tatsachen haben wir uns ins Gedächtnis zurückgerufen, um uns im Umgang mit Injektionen und Surjektionen zu üben. Betrachten wir nun die Voraussetzungen des Satzes von *Bernstein*. Es gibt eine Injektion $K \to B$ (mit anderen Worten: Es ist jedem Kind möglich, sich einen und nur einen einzigen Bonbon zu nehmen). Es gibt eine Injektion $B \to K$ (mit anderen Worten: Ich verteile die Bonbons an die Kinder, indem ich jedem Kind höchstens einen Bonbon gebe).

Man braucht nichts zu befürchten; wenn *beide* Erfahrungen realisiert werden können, bringt die *zweite* Verteilung keine Ungerechtigkeit. Jedes Kind wird seinen Bonbon erhalten: Die Injektion $B \to K$ ist eine *Bijektion*. Im Verlauf der *ersten* Verteilung tritt kein Problem hinsichtlich der übrigbleibenden Bonbons auf ... denn es bleibt kein Bonbon übrig! Ist die Injektion $K \to B$ ebenfalls eine Bijektion? Wir stellen fest: *Wenn es eine Injektion $K \to B$ und eine Injektion $B \to K$ gibt, dann sind diese Injektionen Bijektionen.*

Dies erscheint uns sehr natürlich! Aber man muß lernen, gegenüber voreiligen Verallgemeinerungen mißtrauisch zu sein. Ein berühmtes Beispiel, das *Galilei* gern zitierte, wird es uns auf verblüffende Weise zeigen. *Galilei* betrachtete eine Menge, die wir gut kennen:

$$\mathbb{N}_0 = \{0, 1, 2, 3, 4, 5, 6, 7, 8, 9, 10, 11, \ldots\}$$

Wir werden diese Menge schematisch wie folgt darstellen:

Abb. 192

Die identische Abbildung $\mathbb{N}_0 \to \mathbb{N}_0$ definiert eine Injektion $\mathbb{N}_0 \to \mathbb{N}_0$ und eine Injektion $\mathbb{N}_0 \to \mathbb{N}_0$. Es sind also die Voraussetzungen des Satzes von *Bernstein* erfüllt.

Abb. 193

Dennoch ist es möglich, eine nicht surjektive Injektion $\mathbb{N}_0 \to \mathbb{N}_0$ aufzuweisen. Dazu genügt es, die Funktion $\mathbb{N}_0 \to \mathbb{N}_0: \ldots$ hat als Doppeltes $\ldots$ zu betrachten, die wir unten graphisch darstellen:

Abb. 194

So sehen wir, daß die Aussagen

Es gibt eine nicht surjektive Injektion $A \to B$
Es gibt eine Injektion $B \to A$

möglich sind (im Falle unendlicher Mengen).

Wir wollen jetzt ein wenig Ordnung in diese Menge von Feststellungen bringen. Beginnen wir mit dem Beweis von

Satz 1:   *Es seien zwei Mengen A und B, eine Injektion $A \to B$ und eine Injektion $B \to A$ gegeben. Wenn es eine nicht surjektive Injektion $A \to B$ gibt, dann sind A und B unendlich.*

Bevor wir diesen Satz beweisen, wollen wir aus ihm eine Folgerung ziehen. Wir wählen die Mengen A und B so, daß es eine Injektion $A \to B$ und eine Injektion $B \to A$ gibt. Aber diesmal nehmen wir an, daß die Menge A endlich sei. Auf Grund des Satzes 1: Wenn es eine nicht surjektive Injektion $A \to B$ gibt, dann müssen die Mengen A und B unendlich sein, folgt, da wir diesmal voraussetzen, daß A endlich ist, es kann keine Injektion $A \to B$ nicht-surjektiv sein. Mit anderen Worten: Jede Injektion $A \to B$ ist surjektiv und also eine Bijektion. Im besonderen ergibt sich daraus, daß $\tilde{A} = \tilde{B}$ und daß B endlich ist. Der Satz 1 hat also die folgende Konsequenz:

Satz 2:   *A sei eine endliche Menge. Wählen wir die Mengen A und B so, daß es eine Injektion $A \to B$ und eine Injektion $B \to A$ gibt. Dann ist jede Injektion $A \to B$ bijektiv.*

Man kann dem Satz 2 noch eine andere Form geben. Wir wissen:

Es gibt eine Injektion $A \to B \Leftrightarrow \tilde{A} \leq \tilde{B}$
Es gibt eine Injektion $B \to A \Leftrightarrow \tilde{B} \leq \tilde{A}$.

Der Satz 2 lehrt uns, daß die Injektion $A \to B$ bijektiv ist. Eine Bijektion $A \to B$ läßt sich aber übersetzen als $\tilde{A} = \tilde{B}$. Somit können wir den Satz 2 in der folgenden Form aussprechen:

Satz 3:   *Wenn A eine endliche Menge ist, dann*

$$\tilde{A} \leqslant \tilde{B} \text{ und } \tilde{B} \leqslant \tilde{A} \Rightarrow \tilde{A} = \tilde{B}.$$

Dies ist der Satz von *Bernstein* für den Spezialfall, daß A endlich ist.

Es ist jetzt an der Zeit, an den Beweis des Satzes 1 zu denken. Erinnern wir uns zunächst an die Aussage:

Satz 1:   *Es seien Mengen A und B so gegeben, daß es eine Injektion $A \to B$ und eine Injektion $B \to A$ gibt. Wenn es eine nicht surjektive Injektion $A \to B$ gibt, dann sind die Mengen A und B unendlich.*

Stellen wir die Mengen A und B schematisch dar. Es gibt eine Injektion $A \to B$. Stellen wir uns vor, daß die Pfeile dieser Injektion gesetzt seien. Dann wissen wir:

1. Alle Pfeile beginnen in einem Punkt von A und enden in einem Punkt von B.
2. Von jedem Punkt von A geht ein und nur ein einziger Pfeil aus.
3. In jedem Punkt von B kommt höchstens ein Pfeil an.
4. Es gibt Punkte von B, in denen kein Pfeil endet.

Bezeichnen wir mit A' die Menge der Punkte von B, in denen ein Pfeil endet. Dann hat man die folgenden Verhältnisse:

Abb. 195

Wir wissen, daß $B \setminus A'$ nicht leer ist. Markieren wir einen Punkt von $B \setminus A'$:

Abb. 196

Wir wissen auch noch, daß es eine Injektion $B \to A$ gibt. Stellen wir uns vor, daß alle Pfeile dieser Injektion gesetzt seien. Wir wissen:

1. Alle Pfeile der Injektion $B \to A$ gehen von einem Punkt von B aus und enden in einem Punkt von A.
2. Von jedem Punkt von B geht ein und nur ein einziger Pfeil aus.
3. In jedem Punkt von A kommt höchstens ein Pfeil an.

Im besonderen geht von dem in $B \setminus A'$ gewählten Punkt ein Pfeil aus. Er endet in einem Punkt von A, den wir kennzeichnen. Von diesem Punkt geht ein Pfeil (von $A \to B$) aus, der in einem Punkt von A' endet. Wir haben also zwei verschiedene Punkte in B (einen in A' und einen in $B \setminus A'$). Von diesen beiden Punkten gehen zwei Pfeile von $B \to A$ aus. Der erste ist bereits markiert. Zeichnen wir den zweiten! Diese beiden Pfeile können nicht in demselben Punkt von A enden (denn dann endeten zwei verschiedene Pfeile in demselben Punkt von A). Wir haben also zwei Punkte in A.

Abb. 197

Durch die Injektion $A \to B$ erhält man zwei Pfeile und zwei Punkte in A', zwei Punkte in B, und so fort! Die Mengen A und B sind also unendlich.

Abb. 198

Wir sind jetzt in der Lage, den Satz von *Bernstein* zu beweisen. **Satz von Bernstein:**

$$\tilde{A} \leqslant \tilde{B} \text{ und } \tilde{B} \leqslant \tilde{A} \Rightarrow \tilde{A} = \tilde{B}.$$

Diesem Satz können wir auch eine andere Form geben:

> *Wenn es eine Injektion $A \to B$ und eine Injektion $B \to A$ gibt, dann gibt es eine Bijektion $A \to B$.*

Nehmen wir an, daß die Injektion $A \to B$ nicht surjektiv sei. Dies versetzt uns in die oben beschriebene Lage. Es wird gezeigt, wie man die nicht surjektive Injektion $A \to B$ „korrigieren" kann, um daraus eine Surjektion (und also eine Bijektion) zu machen.

Da die Injektion $A \to B$ als nicht surjektiv angenommen wird, gibt es einen Punkt von B, in dem kein Pfeil von $A \to B$ endet, z. B. der Punkt in Abb. 154, der als Sternchen gekennzeichnet ist. Wir werden zeigen, wie man die Injektion $A \to B$ in eine neue Injektion $A \to B$ abändern kann, so daß diesmal ein Pfeil in dem enterbten Punkt * endet. Wir ändern die Injektion $A \to B$ nur in den Punkten von A (Abb. 198). Jeden dieser Punkte nehmen wir als Ausgangspunkt für einen neuen Pfeil, indem wir den Pfeil von $B \to A$, der diesem Punkt endet, umkehren. Dies wollen wir in der folgenden Abbildung 199 markieren. Die roten Pfeile sind durchgestrichen, die neuen Pfeile in blau eingezeichnet:

Abb. 199

Es muß noch sorgfältig verifiziert werden, daß man es nach der Änderung mit einer Injektion $A \to B$ zu tun hat.

1. Vor der Änderung geht von jedem Punkt von A ein und nur ein einziger Pfeil zu B. Dies ist genau so nach der Änderung, denn man hat in den Punkten von A, in denen eine Änderung ausgeführt wurde, nur den Bestimmungsort des Pfeiles geändert.
2. In jedem Punkt von B kommt höchstens ein Pfeil an. Dies gilt genau so für die Punkte, in denen keine Änderung durchgeführt wurde, da anfangs eine Injektion $A \to B$ gegeben war.

In dem Punkt * kam ursprünglich kein Pfeil an, aber nach der Änderung endet hier ein Pfeil. Auch die anderen Punkte, die von der Änderung betroffen werden, haben einen Pfeil erhalten, der nicht denselben Ursprungspunkt wie der ursprüngliche Pfeil hat.

Zusammengefaßt: Wenn eine Injektion $A \to B$ gegeben ist und ein Punkt * von B, in dem kein Pfeil der Injektion endet, ist es möglich, die ursprüngliche Injektion in eine neue Injektion abzuändern. Diese läßt einen Pfeil in jedem Punkt von B

enden! Somit ist der Satz von Bernstein für die Fälle, daß $B \setminus A'$ einen einzigen Punkt enthält, bewiesen.

Für den allgemeinen Fall bleibt noch zu beweisen, daß man gleichzeitig und unabhängig die Änderungen für verschiedene Punkte von $B \setminus A'$ durchführen kann. Der Punkt * von $B \setminus A'$ definiert eine „lange Reihe" von Punkten in $A \cup B$. Die Änderung der Injektion $A \to B$, ausgeführt, um einen Pfeil in * enden zu lassen, betrifft nur diese Punkte. Es genügt also zu beweisen:

*Wenn zwei Punkte * und • von $B \setminus A'$ gegeben sind, dann sind die entsprechenden „langen Reihen" disjunkt.*

Wenn die Punkte * und • verschieden sind, ergibt die Injektion $B \to A$ zwei Punkte in A. Durch die Injektion $A \to B$ erhält man zwei Punkte in A', bzw. vier Punkte in B. Durch die Injektion $B \to A$ kommt man zu vier Punkten in A, durch die Injektion $A \to B$ zu vier Punkten in A' bzw. zu sechs Punkten in B usw.

Abb. 200

Auf diese Weise ist bewiesen, daß die beiden „langen Reihen" disjunkt sind; damit ist gleichzeitig auch der Beweis des Satzes von *Bernstein* abgeschlossen.

XII. Die projektive Ebene

1. Parallelität im Raum

Beim Studium dieses Kapitels benutze man anschauliche Hilfsmittel: Drahtstücke, Stricknadeln, Finger, usw.

Der **Raum** ist eine Menge von **Punkten**. Gewisse Teilmengen dieser Menge sind ausgezeichnet: **Geraden** und **Ebenen**. Zu zwei gegebenen verschiedenen Punkten gibt es eine und nur eine Gerade, die diese beiden Punkte enthält. Wenn eine Gerade und ein Punkt, der nicht zu dieser Geraden gehört, gegeben sind, gibt es eine und nur eine Ebene, die diese Gerade und diesen Pubkt enthält.

Wir wenden auf diese Ebene an, was wir in der ebenen Geometrie gelernt haben. Durch den Punkt kann man in dieser Ebene die Parallele zu der gegebenen Geraden ziehen. Erinnern wir uns daran, daß jede Gerade zu sich selbst parallel ist, so können wir sagen, jeder Punkt des Raumes gehört zu einer und nur einer Parallelen zu einer gegebenen Geraden.

Die Menge der Parallelen zu einer gegebenen Geraden bildet eine Klasseneinteilung des Raumes.

Die Menge der Geraden, die zu einer Geraden parallel sind, nennen wir eine **Richtung** des Raumes. Die Parallelität ist eine auf der Menge der Geraden definierte *Äquivalenzrelation*. Erinnern wir uns, daß man damit sagen will

1. $\parallel$ ist eine reflexive Beziehung: jede Gerade ist zu sich selbst parallel
2. $\parallel$ ist eine symmetrische Beziehung: $a \parallel b \Rightarrow b \parallel a$
3. $\parallel$ ist eine transitive Beziehung: $a \parallel b$ und $b \parallel c \Rightarrow a \parallel c$.

Die Menge der Richtungen des Raumes bildet eine Klasseneinteilung der Menge der Geraden des Raumes. Jede Richtung ist eine Äqiuvalenzklasse bezüglich $\parallel$.

Ebene und Gerade

Gegeben sei eine Ebene E und eine Gerade g, dann gibt es drei Möglichkeiten:

$g \cap E = g$, mit anderen Worten: g liegt in E, d. h. $g \subset E$

$g \cap E$ ist eine auf einen einzigen Punkt reduzierte Menge. Dieser Punkt wird Durchstoßpunkt von g in E genannt.

$g \cap E = \emptyset$

Definition: Eine Gerade, die eine Ebene nicht durchstößt, heißt parallel zu dieser Ebene.

$g \parallel E \Leftrightarrow g \cap E$ ist eine Menge, die nicht auf einen einzigen Punkt reduziert ist.

$g \parallel E \Leftrightarrow g \subset E$ oder $g \cap E = \emptyset$.

Zwei Ebenen

Die Ebene α und die Ebene β seien gegeben, dann gibt es drei Möglichkeiten:

$\alpha \cap \beta$ ist eine Ebene. In diesem Fall ist $\alpha = \alpha \cap \beta = \beta$.
$\alpha \cap \beta$ ist eine Gerade.
$\alpha \cap \beta = \emptyset$.

Definition: Zwei Ebenen, deren Durchschnitt keine Gerade ist, heißen parallel.

$\alpha \parallel \beta \Leftrightarrow \alpha \cap \beta$ ist keine Gerade.
$\alpha \parallel \beta \Leftrightarrow \alpha \cap \beta = \alpha = \beta$ oder $\alpha \cap \beta = \emptyset$.

Die Menge der Ebenen, die zu einer gegebenen Ebene parallel sind, bildet eine *Klasseneinteilung* des Raumes. Jeder Punkt des Raumes gehört zu einer und nur einer Ebene, die zu einer gegebenen Ebene parallel ist. Die Parallelität ist eine *Äquivalenzrelation*, die auf der Menge der Ebenen des Raumes definiert ist.

Aufgabe:
Der Durchschnitt zweier nicht paralleler Ebenen ist eine Gerade.

Ebene und Punkt

Betrachten wir die Menge der Geraden, die den Punkt P enthalten und zu der Ebene $I\!E$ parallel sind. Ihre Vereinigung ist die zu $I\!E$ parallele Ebene $I\!E'$, die P enthält.

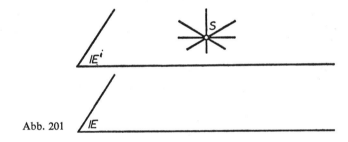

Abb. 201

2. Geradenbündel

Jede Gerade definiert eine Richtung des Raumes. Bestimmen wir einen Punkt O. Jede Richtung enthält eine Gerade, die durch diesen Punkt hindurchgeht. Also stellt die Menge der Geraden, die den Punkt O enthalten, die Menge der Richtungen dar. Jede der Geraden, die durch O hindurchgehen, stellt eine Richtung dar.

Jede Richtung wird dargestellt durch eine Gerade, die durch den Punkt O hindurchgeht.

Die Menge aller Geraden, die durch denselben Punkt gehen, heißt *Geradenbündel*. Also stellt jedes Geradenbündel die *Menge der Richtungen des Raumes* dar. Anstatt die Menge der Richtungen des Raumes zu studieren, können wir also ein Geradenbündel untersuchen. Wir stellen uns ein Geradenbündel her, indem wir Stricknadeln oder Drahtstücke in einen Schwamm hineinstecken.

In der Ebene gab es unendlich viele Punkte. Man lenkt die Aufmerksamkeit auf gewisse von ihnen, indem man diese auf einem Blatt Papier, auf der Wandtafel oder auf dem Pult markiert. In dem Geradenbündel gibt es unendlich viele Geraden. Man lenkt die Aufmerksamkeit auf gewisse von ihnen, indem man Nadeln in den Schwamm hineinsteckt.

3. Geradenbüschel

Zeichnen wir vier Punkte, die sich in der Ebene ausrichten.

Diese Punkte heißen ausgerichtet, denn sie gehören zu einer Geraden. Wann werden wir sagen, daß vier Geraden eines Bündels ausgerichtet sind? Stellen wir uns vier ausgerichtete Nadeln vor – in unseren Schwamm in den Punkt O hineingesteckt. Wir verstehen hier ausgerichtet ein wenig im Sinne des Feldwebels oder

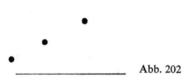

Abb. 202

des Turnlehrers. Wir sagen, daß vier Geraden des Bündels dann und nur dann ausgerichtet sind, wenn sie in derselben Ebene liegen. Die Menge von Geraden des Bündels, die in derselben Ebene liegen, nennen wir ein *Geradenbüschel*. Also bilden unsere vier ausgerichteten Geraden ein Büschel.

Übung: Zeigt andere Geraden dieses Büschels!
Zeigt alle Geraden des Büschels
... mittels einer beweglichen Nadel
... mittels eines Blattes Papier
... durch eine Handbewegung!

Vier ausgerichtete Geraden sind also vier Geraden desselben Büschels. Nehmen wir eine der Geraden fort. Ist das Büschel immer noch definiert? Ja. Nehmen wir noch eine Gerade fort. Das Büschel ist immer noch definiert. Wenn wir noch eine Gerade fortnehmen, bleibt nur noch eine Gerade übrig und kein Büschel! Zwei verschiedene Geraden des Bündels bestimmen ein Büschel, das in dem Bündel enthalten ist. Etwas ausführlicher:

Wenn zwei verschiedene Geraden eines Bündels gegeben sind, existiert ein und nur ein Büschel, das diese beiden Geraden enthält.

Jetzt ist es an der Zeit, unsere Beobachtungen über das Geradenbündel zusammenzufassen. Das Bündel ist eine Menge von Geraden. Es ist die Menge der Geraden, die einem Punkt entspringen, der *Träger* des Bündels genannt wird. Das Bündel enthält ausgezeichnete Teilmengen: die Büschel.

Bilden unsere Beobachtungen nicht, wenn sie in dieser Weise dargestellt werden, eine neue Strophe eines bekannten Liedes? Diese Strophe ähnelt der über die Ebene, nicht wahr?

Die Strophe über die Ebene	*Die Strophe über das Geradenbündel*
Die Ebene ist eine Menge von *Punkten*.	Das Bündel ist eine Menge von *Geraden*.
Gewisse ausgezeichnete Teilmengen heißen *Geraden*.	Gewisse ausgezeichnete Teilmengen heißen *Büschel*
Wenn zwei verschiedene *Punkte* gegeben sind, gibt es eine und nur eine *Gerade*, die diese beiden *Punkte* enthält.	Wenn zwei verschiedene *Geraden* gegeben sind, gibt es ein und nur ein *Büschel*, das diese beiden *Geraden* enthält.

Die Analogie ist vollkommen. Es ist sogar leicht, ein kleines Wörterbuch aufzustellen, das erlaubt, von der Fachsprache der *Ebene* zur Fachsprache des *Geradenbündels* überzugehen.

Wörterbuch

Fachsprache der Ebene	Fachsprache des Geradenbündels
Menge	Menge
Teilmenge	Teilmenge
enthält	enthält
Ebene	Bündel
Punkt	Gerade
Gerade	Büschel

Bis hierher haben wir uns nur an den Anfang der Strophe über die Ebene erinnert. Rufen wir uns ins Gedächtnis zurück, wie diese Strophe weitergeht.

Fortsetzung der Strophe über die Ebene	*Fortsetzung der Strophe über das Geradenbündel*
Der Durchschnitt von zwei verschiedenen Geraden ist eine Menge, die genau einen Punkt enthält, oder die leere Menge.	?

Um die Fortsetzung der Strophe über das Geradenbündel auszuarbeiten, befragen wir unser Wörterbuch. Dieses zeigt uns, daß „Geraden" der Ebene sich übersetzen lassen in „Büschel" des Geradenbündels. Wir haben also zu prüfen, was der Durchschnitt von zwei verschiedenen Büscheln ist.

Wir wissen, daß jedes dieser Büschel eine Menge von Geraden ist. Der Durchschnitt zweier betrachteter Büschel ist also eine Menge von Geraden (des Geradenbündels). Jedes Büschel definiert eine Ebene, und das betrachtete Büschel ist die Menge der Geraden des Bündels, die in dieser Ebene enthalten sind. Zwei verschiedene Büschel liegen in zwei verschiedenen Ebenen, die beide durch den Trägerpunkt des Bündels hindurchgehen. Da diese beiden Ebenen nicht parallel sind, ist ihr Durchschnitt eine Gerade.

Der Durchschnitt zweier Büschel ist eine Menge, die genau eine Gerade enthält.

Diese Gerade geht durch den Trägerpunkt des Bündels hindurch und ist daher eine Gerade des Bündels. Sie liegt in den beiden Ebenen und gehört daher zu beiden Büscheln. Diese Gerade gehört also zum Durchschnitt der beiden Büschel.

Jede Gerade des Durchschnitts gehört zu beiden Büscheln und ist daher in den beiden Ebenen enthalten. Dies kann also nur der Durchschnitt dieser beiden Ebenen sein.

Wir sind nun zu dem folgenden wichtigen Schluß gekommen:

Der Durchschnitt zweier verschiedener Büschel eines Geradenbündels ist immer eine Menge, die genau eine Gerade enthält.

Das Ende der Strophe über das Geradenbüschel ist nicht mehr die wörtliche Übertragung der Strophe über die Ebene.

Ebene	*Geradenbündel*
Die Ebene ist eine Menge von Punkten.	Das Bündel ist eine Menge von Geraden.
Gewisse ausgezeichnete Teilmengen heißen Geraden.	Gewisse ausgezeichnete Teilmengen heißen Büschel.
Wenn zwei verschiedene Punkte gegeben sind, gibt es eine und nur eine Gerade, die diese beiden Punkte enthält.	Wenn zwei verschiedene Geraden gegeben sind, gibt es ein und nur ein Büschel, das diese beiden Geraden enthält.

Der Durchschnitt von zwei verschiedenen Geraden ist
    eine Menge, die genau einen
      Punkt enthält,
         oder
    die leere Menge.
	Der Durchschnitt von zwei verschiedenen Büscheln ist
	    eine Menge, die genau eine
	      Gerade enthält.

Man bemerkt, daß die Verhältnisse im Falle des Geradenbündels einfacher sind als im Falle der Ebene.

| Zwei Geraden der Ebene können elementfremd sein. | Zwei Büschel des Geradenbündels können nicht elementfremd sein. |

4. Projektive Ebene

Wir haben gerade festgestellt, daß zwischen der Ebene und dem Geradenbündel tiefe Analogien, aber auch ein wesentlicher Unterschied bestehen. Wir werden die Fachsprache des Bündels ändern. Diesmal wird eine wörtliche Übersetzung durchgeführt werden.

Wir können durch einen einfachen Versuch zeigen, daß man eine Vorstellung von dem Geradenbündel erhält, wenn man eine Lichtquelle in den Mittelpunkt eines Kugelsiebes stellt. Die Lichtstrahlen – jeder wird in beide Richtungen projiziert – stellen die Geraden des Bündels dar.

Da das Geradenbündel so viele Analogien mit einer Ebene zeigt, möchten wir es *Ebene* nennen. Um Verwirrungen zu vermeiden, wollen wir das Wort Ebene ergänzen. Die Schüler haben vorgeschlagen, das Bündel eine Projektionsebene zu

Gewöhnliche Ebene	*Geradenbündel*	*Projektive Ebene* $\bar{\pi}$
Die (gewöhnliche) Ebene ist eine Menge von (gewöhnlichen) Punkten. Gewisse ausgezeichnete Teilmengen heißen Geraden.	Das Bündel ist eine Menge von Geraden. Gewisse ausgezeichnete Teilmengen heißen Büschel.	Die projektive Ebene ist eine Menge von projektiven Punkten. Gewisse ausgezeichnete Teilmengen heißen projektive Geraden.
Wenn zwei verschiedene (gewöhnliche) Punkte gegeben sind, gibt es eine und nur eine (gewöhnliche) Gerade, die diese beiden Punkte enthält.	Wenn zwei verschiedene Geraden gegeben sind, gibt es ein und nur ein Büschel, das diese beiden Geraden enthält.	Wenn zwei verschiedene projektive Punkte gegeben sind, gibt es eine und nur eine projektive Gerade, die diese beiden projektiven Punkte enthält.
Der Durchschnitt von zwei verschiedenen (gewöhnlichen) Geraden ist eine Menge, die genau einen (gewöhnlichen) Punkt enthält, oder die leere Menge.	Der Durchschnitt von zwei verschiedenen Büscheln ist eine Menge, die genau eine Gerade enthält.	Der Durchschnitt von zwei verschiedenen projektiven Geraden ist eine Menge, die genau einen pro- jektiven Punkt enthält.

nennen. Wir werden die Gewohnheit der Mathematiker übernehmen, indem wir *projektive Ebene* sagen. Wir brauchen auch noch ein Adjektiv für unsere gute alte Ebene. Wir werden sagen *gewöhnliche Ebene* und, wenn es erforderlich ist, gewöhnliche Gerade und gewöhnlicher Punkt.

Stellen wir nun das Wörterbuch auf, in dem wir die neue Fachsprache des Bündels einführen.

Wörterbuch

Bündel	Projektive Ebene
Gerade	(projektiver) Punkt
Büschel	(projektive) Gerade

Fassen wir unsere Ergebnisse kurz zusammen, wobei wir in der neuen Übersetzung die „projektive Sprache" benutzen.

5. Antipodische Paare einer Kugelfläche

Es ist uns klar, daß eine *Kugelfläche* eine Menge von Punkten ist, die von einem Punkt, genannt *Zentrum* oder *Mittelpunkt*, den *gleichen Abstand* haben. Der Abstand der Punkte der Kugelfläche vom Mittelpunkt ist der *Radius* der Kugelfläche. Die Menge der Punkte, deren Entfernung zu einem Punkt – Mittelpunkt genannt – höchstens gleich einer festgelegten Länge (Radius) ist, nennt man (geschlossene) *Kugel*.

Eine Kugelfläche ist eine Fläche. Eine Kugel ist ein Körper.

Jede Gerade, die den Mittelpunkt enthält, nennt man *Zentrale* der Kugelfläche. Zwei Punkte, die zu einer Kugelfläche gehören, heißen *antipodisch*, wenn die Gerade, die sie enthält, eine Zentrale ist. Wenn A und B antipodische Punkte einer ein für allemal bestimmten Kugelfläche sind, sagen wir kurz – und im übrigen richtiger – daß das Paar $\{A, B\}$ antipodisch ist.

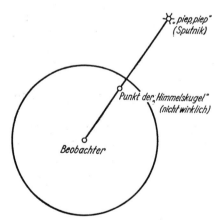

Abb. 203

Der Durchschnitt einer Kugelfläche und einer Ebene, die den Mittelpunkt enthält, ist ein Kreis, der denselben Mittelpunkt und denselben Radius wie die Kugelfläche hat. Solche Kreise werden *Großkreise* der Kugelfläche genannt. Die Meridiane und der Äquator sind Großkreise der Erdoberfläche.

Die Richtungen des Raumes untersuchen bedeutet, die Träumereien des Hirten in der Antike wiederholen, der das Himmelsgewölbe betrachtet. Für ihn war dieses Gewölbe wirklich und eine Halbkugel. Später stellte man es als eine ungeheuer große Kugelfläche dar. Wir wissen heute, daß man eigentlich nicht von einem *Himmelsgewölbe* sprechen kann. Nichtsdestoweniger ist es häufig bequem – um astronomische Beobachtungen zu beschreiben – sich vorzustellen, daß der Beobachter im Mittelpunkt einer solchen Kugelfläche steht. Zeigt man auf einen beliebigen Himmelsgegenstand (Flugzeug, Sputnik, Mond, Sonne, Mars, Jupiter, Stern), so bestimmt man damit einen Punkt dieser Kugelfläche.

Dieser Punkt ist der „Durchschnitt" der Halbgeraden, die den Beobachter als Ausgangspunkt hat und den anvisierten Punkt (Sputnik in Abb. 203) enthält. Die

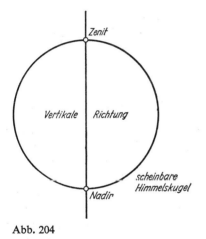

Abb. 204

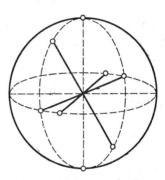

Abb. 205. Richtungen des Raumes, Geraden eines Geradenbündels oder antipodische Paare von Punkten einer Kugelfläche

Halbgerade Beobachter–Sputnik definiert eine Halbrichtung des Raumes. Jede Richtung definiert zwei **Halbrichtungen,** z. B.: Die Vertikale definiert die Halbrichtung Beobachter → Zenit und die Halbrichtung Beobachter → Nadir.

Es gibt eine Bijektion zwischen der Menge der Halbrichtungen und der Menge der Punkte der Kugelfläche. Die Kenntnis eines Punktes des Himmelsgewölbes ist gleichbedeutend mit einer solchen einer Halbrichtung. *Also ist die Menge der Halbrichtungen gleichwertig einer Kugelfläche.* Wir wissen, daß die *Richtungen des Raumes* sich identifizieren mit den *Geraden eines Bündels,* dessen Trägerpunkt wir mit 0 bezeichnen. Wenn wir uns eine festgelegte Kugelfläche mit dem Mittelpunkt 0 vorgeben, definiert *jede Richtung* ein *antipodisches Paar* von Punkten dieser Fläche.

Man hat auf diese Art eine *Bijektion* zwischen der *Menge der Geraden des Bündels* (Träger 0) und der *Menge der antipodischen Paare* von Punkten einer bestimmten Kugelfläche (Mittelpunkt 0) definiert.

Diese Bijektion gestattet es uns, das, was wir von dem Bündel wissen, in eine neue Sprache zu übertragen. Einige elementare Eigenschaften der Geometrie der Kugelfläche werden dadurch erhellt. Unser „neues kleines Wörterbuch" beginnt mit

Bündel   Menge der antipodischen Paare einer Kugelfläche
Gerade   antipodisches Paar.

Es bleibt das Wort *Büschel* zu übersetzen. Jedes Büschel definiert eine *Ebene*, und das Büschel ist die Menge der Geraden des Bündels, die in der Ebene enthalten sind. Der Durchschnitt der Kugelfläche und dieser Ebene ist ein Großkreis. Jede Gerade des Büschels erzeugt ein antipodisches Paar dieses Großkreises. Unser neues Wörterbuch sieht nun folgendermaßen aus:

Bündel   Menge der antipodischen Paare
Gerade   antipodisches Paar
Büschel   Menge der antipodischen Paare, die in einem Großkreis enthalten sind.

In der folgenden Tabelle findet man das Ergebnis der Übersetzung des Textes, den wir früher für das Bündel aufgestellt haben. Die Übersetzung in die Sprache der „projektiven Ebene" haben wir beibehalten.

Projektive Ebene	*Bündel*	*Menge der antipodischen Paare einer Kugelfläche*
Die projektive Ebene ist eine Menge von projektiven *Punkten*.	Das Bündel ist eine Menge von *Geraden*.	Die Menge der antipodischen Paare einer Kugelfläche ist eine Menge von *antipodischen Paaren*.
Gewisse ausgezeichnete Teilmengen heißen projektive *Geraden*.	Gewisse ausgezeichnete Teilmengen heißen *Büschel*.	Gewisse ausgezeichnete Teilmengen heißen Menge der antipodischen Paare, die in einem *Großkreis* enthalten sind.
Wenn zwei verschiedene projektive Punkte gegeben sind, gibt es eine und nur eine projektive Gerade, die diese beiden Punkte enthält.	Wenn zwei verschiedene Geraden gegeben sind, gibt es ein und nur ein Büschel, das diese beiden Geraden enthält.	Wenn zwei verschiedene antipodische Paare gegeben sind, gibt es einen und nur einen Großkreis, der diese beiden Paare enthält.
Der Durchschnitt von zwei verschiedenen projektiven Geraden ist eine auf einen einzigen Punkt reduzierte Menge.	Der Durchschnitt von zwei verschiedenen Büscheln ist eine auf eine einzige Gerade reduzierte Menge.	Der Durchschnitt von zwei verschiedenen Großkreisen ist ein antipodisches Paar.

6. Topologie des projektiven Raumes

Wir haben im vorhergehenden gesehen, daß man

die Menge der Richtungen des gewöhnlichen Raumes,
die Menge der Geraden des gewöhnlichen Raumes, die einen festgelegten Punkt enthalten,
die Menge der antipodischen Paare einer Kugelfläche,
die projektive Ebene

als vier verschiedene Formen derselben *Struktur* betrachten kann: *die projektive Ebene.*

Wir werden diese Struktur näher untersuchen, indem wir uns hier der Vorstellung der *Menge der antipodischen Paare einer Kugelfläche* bedienen. Jeder Punkt der Kugelfläche definiert eine Gerade des Bündels. Wenn der Punkt sich in einer kleinen Umgebung bewegt, schwankt die entsprechende Gerade ein wenig um die Anfangslage.

Die Funktion Punkt der Kugelfläche → Gerade des Bündels (oder projektiver Punkt) ist bijektiv, wenn der Punkt der Kugelfläche in einem Teil der Kugelfläche,

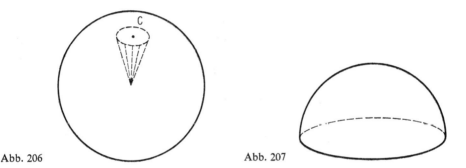

Abb. 206 	Abb. 207

die kein antipodisches Paar enthält, bleibt. Die Funktion ist nicht mehr bijektiv, wenn man dem Punkt der Kugelfläche die Freiheit gibt, solche Teile der Kugelfläche zu durchlaufen, die ein antipodisches Paar enthalten. Die beiden Punkte eines antipodischen Paares definieren also dieselbe Gerade des Bündels (oder projektiven Punkt). Um die Bijektivität der Funktion Punkt der Kugelfläche → Gerade des Bündels wieder herzustellen, bedient man sich der List, die zusammengehörigen Punkte eines antipodischen Paares zusammenzukleben. Dieses Vorgehen nennen wir die „*antipodische Identifikation*". Stellen wir uns doch unsere Kugelfläche vor, als ob sie aus Gummi sei, also vollkommen elastisch. Wir werden dort Stücke herausnehmen und auf diese das Verfahren der antipodischen Identifikation anwenden. Wie wir weiter oben schon bemerkt haben, ändert die antipodische Identifikation die Teile unserer Gummifläche nicht, die kein antipodisches Paar enthalten. Im besonderen wird eine Halbkugelfläche, die ihres Großkreisrandes beraubt ist, unverändert gelassen.

Da diese Halbkugelfläche aus unendlich dehnbarem Gummi ist, formt sie sich sogleich in eine Scheibe, die ihres Randes beraubt ist, d. h. in eine offene Scheibe, um.

Wir wollen jetzt sehen, was eine **projektive Ebene ohne eine ihrer projektiven Geraden** ist. Wir müssen prüfen, was der Kugelfläche ohne einen ihrer Großkreise durch die antipodische Identifikation geschieht.

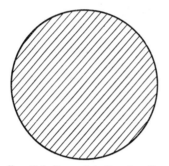
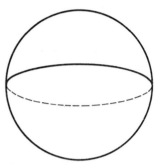

Abb. 208. offene Scheibe = Scheibe ohne ihren Rand   Abb. 209

Die Gummikugelfläche ohne einen ihrer Großkreise besteht aus zwei offenen Halbkugeln, die durch die antipodische Identifikation vollkommen aufeinander gelegt werden. So ergibt sich eine einzige offene Halbkugel und wegen der Verformbarkeit des Gummis schließlich eine offene Scheibe. Die durch solche Vernunftschlüsse entdeckten Eigenschaften heißen *topologische*. So sagen wir:

Die projektive Ebene ohne eine ihrer Geraden ist topologisch gleichwertig einer offenen Scheibe.

Wir haben oben gesehen, was die projektive Ebene ohne eine ihrer Geraden topologisch ist. Es bleibt zu untersuchen, welchem geometrischen Gebilde eine **projektive Gerade** topologisch gleichwertig ist. Zu diesem Zweck wollen wir einen Großkreis der Kugelfläche der antipodischen Identifikation unterwerfen.

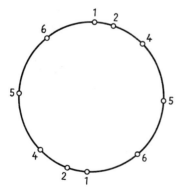

Abb. 210. Die antipodische Identifikation, angewendet auf einen Großkreis, liefert ein topologisches Modell einer projektiven Geraden

120

Es ist sehr amüsant, diese Aufgabe mit Hilfe einer Wäscheleine und verschiedenfarbiger Wäscheklammern durchzuführen. Man sieht so, daß jede projektive Gerade topologisch einem Kreis gleichwertig ist.

Ein Kreis, bei dem man von allen nicht-topologischen Eigenschaften absieht, heißt Zyklus. Man kann also sagen, jede projektive Gerade ist topologisch ein Zyklus, oder noch kürzer:

Jede projektive Gerade ist ein Zyklus.

Überlegen wir nun, welches die topologische Struktur der gesamten projektiven Ebene ist. Wir müssen die antipodische Identifikation auf die ganze Kugelfläche anwenden.

Gehen wir ganz methodisch vor. Zuerst zeichnen wir einen Großkreis auf die Kugelfläche. Wir betrachten dann die Kugelfläche ohne diesen Großkreis. Das antipodische Aufeinanderlegen bringt die eine der beiden Halbkugeln auf die andere. Stellen wir uns z. B. vor, daß wir die untere Halbkugel auf die obere setzen. Dann muß noch die antipodische Identifikation auf den Großkreisrand der erhaltenen Scheibe angewendet werden. Daher kann man sagen, daß die projektive Ebene einer geschlossenen Scheibe gleichwertig ist, deren Kreisrand man einer antipodischen Identifikation unterwirft.

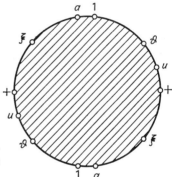

Abb. 211. Die projektive Ebene ist topologisch eine geschlossene Scheibe, in der jeder Punkt des Randes mit dem diametral gegenüberliegenden identifiziert wird

Dies veranlaßt uns, eine kleine Näharbeit vorzunehmen. Nehmen wir ein rundes Stück Stoff und nähen wir jeden Punkt des Randes auf den ihm diametral gegenüberliegenden. Dieses Nähprogramm hat die folgende Besonderheit: Es ist unmöglich auszuführen, ohne daß der Stoff zerrissen wird. Aber wir können uns diese Oberfläche sich selbst durchdringend vorstellen!

Wir haben oben gesehen, daß die projektive Ebene ohne eine ihrer Geraden einer offenen Scheibe topologisch gleichwertig ist. Anstatt daß wir der projektiven Ebene eine ihrer Geraden entnehmen, entfernen wir eine kleine Umgebung eines ihrer Punkte. Dies kommt dem Entfernen einer kleinen offenen Scheibe und ihres antipodischen Gegenstückes aus unserer Kugelfläche gleich.

Betrachten wir einen Großkreis C, der durch die Mittelpunkte der beiden Scheiben geht. Die antipodische Identifikation legt die eine der Halbkugeln auf die

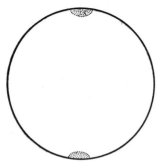
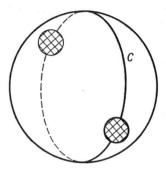

Abb. 212. Die Kugelfläche ohne eine offene Scheibe und ihr antipodisches Gegenstück

Abb. 213. Der Großkreis, der durch die Mittelpunkte der antipodischen Scheiben geht

andere. Wir sehen schließlich, daß die projektive Ebene, die einer kleinen Umgebung eines ihrer Punkte beraubt ist, topologisch der Fläche gleichwertig ist, die erhalten wird, indem man die sich diametral gegenüberliegenden Punkte des Großkreises in der folgenden Abbildung identifiziert.

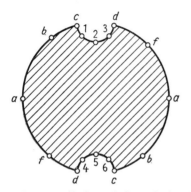

Abb. 214

Man stellt fest, daß nach der Identifikation die Kurve

1 2 3 d 4 5 6 c 1

ein Zyklus ist. Die gute Qualität des Gummis, aus dem die Fläche der Abb. 14 besteht, gestattet uns, die Kurve folgendermaßen umzubilden.

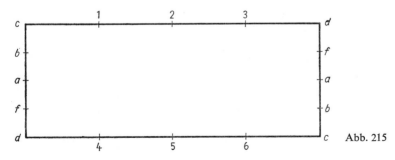

Abb. 215

Wir sehen: Die projektive Ebene, die einer kleinen Umgebung eines ihrer Punkte beraubt ist, ist gleichwertig der Fläche, die erhalten wird, indem man die beiden gegenüberliegenden Seiten des Rechtecks nach einer Umdrehung zusammenbringt. Die Fläche, die man erhält, wenn man zwei gegenüberliegende Seiten eines Rechtecks nach einer Umdrehung identifiziert, nennt man *Möbius-Band*.

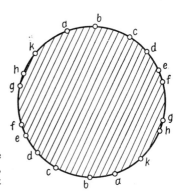

Abb. 216. Eine geschlossene Scheibe, auf der man die Punkte des Randes, die sich diametral gegenüberliegen, identifiziert

Die projektive Ebene, die einer kleinen offenen Umgebung eines ihrer Punkte beraubt ist, ist topologisch dem Möbius-Band gleichwertig. Der Rand des Möbius-Bandes der Abb. 215 ist der Zyklus 1 2 3 d 4 5 6 c 1. Man stellt ein topologisches Modell der projektiven Ebene wieder her, indem man das Möbius-Band und eine Scheibe Rand an Rand zusammenklebt. *So erscheint unsere projektive Ebene als die Vereinigung eines Möbius-Bandes und einer Scheibe, die beide denselben Zyklus als Rand haben* (Abb. 217).

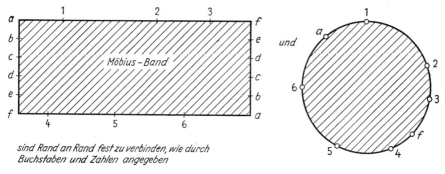

sind Rand an Rand fest zu verbinden, wie durch Buchstaben und Zahlen angegeben

Abb. 217

Zusammenfassung

Zwei topologische Formen der projektiven Ebene oder der Menge der Richtungen unseres Raumes:

7. Einseitigkeit des Möbius-Bandes und der projektiven Ebene

Die Ebene, die Kugelfläche, unsere Kleidung haben zwei Seiten, jedoch nicht das Möbius-Band, wie man leicht feststellen kann. Man muß genau wissen, was eine solche Erklärung bedeutet.

Jeder Punkt des Möbius-Bandes liegt im Innern einer geschlossenen Scheibe. Diese kleine Scheibe besitzt zwei Seiten. Eine Fliege, die auf einer der beiden Seiten sitzt, kann nicht zur anderen Seite gelangen, ohne den Rand zu überschreiten. Da diese kleine Scheibe aber mit dem Möbius-Band verschmolzen bleibt, ist es der Fliege möglich, von einer Seite der kleinen Scheibe zur anderen zu gelangen, ohne den Rand des Bandes zu überschreiten. Diese Eigenschaft drückt man aus, indem man sagt:

Das Möbius-Band ist eine einseitige Fläche.

Jeder Punkt der projektiven Ebene ist enthalten in einem Möbius-Band, das in der projektiven Ebene eingeschlossen ist.

Nehmen wir nun als Modell der projektiven Ebene die Menge der antipodischen Paare einer Kugelfläche, und bezeichnen wir einen Punkt aus dieser Menge mit P.

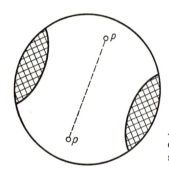

Abb. 218. Jeder Punkt einer projektiven Ebene gehört zu einem Möbius-Band, das in dieser projektiven Ebene eingeschlossen ist

Es gibt immer solch eine Kugelkappe, so daß weder P noch sein Antipode zu dieser Kappe oder zu dem antipodischen Gegenstück der Kappe gehört. Die Kugelfläche, beraubt dieser beiden Kappen und unterworfen der antipodischen Identifikation in einem Möbius-Band, wird in Abb. 218 dargestellt.

Ohne den Rand dieses Bandes zu übersteigen, kann eine Fliege von einer Seite des Punktes P zur anderen Seite gelangen. Daher hat man den Satz aufgestellt:

Die projektive Ebene ist eine einseitige Fläche.

Die Definitionen der projektiven Ebene und des Möbius-Bandes in den Abbildungen 211 und 215 machen keinen Gebrauch von den Eigenschaften des umgebenden Raumes oder von dem Einbetten dieser Flächen in den gewöhnlichen Raum. Daher ist es wünschenswert, die Einseitigkeit dieser Flächen durch innere Gründe zu erklären, d. h. durch Begriffe, die den umgebenden Raum nicht benutzen wie z. B. der intuitive Begriff der Seite einer Fläche.

Um dies zu tun, werden wir damit beginnen, den Begriff der Seite einer Fläche einzuführen. Jeder Punkt unserer Fläche gehört zu einer (topologischen) offenen Scheibe, die in der Fläche eingeschlossen ist. Stellen wir uns einen Beobachter vor. Seine Füße stehen auf einer Seite der Fläche. Nun zeichnet der Beobachter mit seinen Füßen auf die kleine Scheibe, zu der er gehört, einen Kurvenpfeil, der den Umlaufsinn des Uhrzeigers angibt. Je nachdem ob sich der Beobachter auf der einen oder anderen Seite befindet, zeichnet er entgegengesetzte Pfeile.

Ein Beobachter befindet sich auf dieser Seite des Blattes. Er zeichnet den Pfeil folgendermaßen:

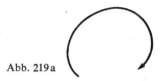

Abb. 219a

Ein antipodischer Beobachter hat seine Füße auch auf unserem Blatt Papier. Er befindet sich auf der anderen Seite des Blattes. Er zeichnet einen Pfeil, der, von unserer Seite aus betrachtet, so aussieht:

Abb. 219b

Kommen wir nun auf das Möbius-Band (Abb. 215) zurück. Man muß auf eine ganz bestimmte Art die vertikalen Ränder des Rechtecks fest miteinander verbinden. Auf der linken Seite der Abbildung 220 geben wir an, wie die feste Verbindung erfolgen muß.

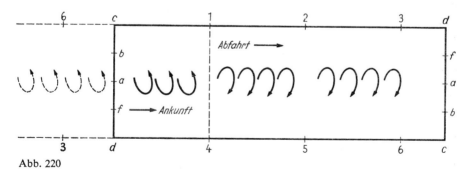

Abb. 220

Wir müssen nun noch den kreisförmigen Pfeilen folgen. Ausgehend von Pfeilen, die einen bestimmten Umlaufsinn angeben, kommt man zu Pfeilen mit entgegengesetztem Umlaufsinn!

8. Einige topologische Beobachtungen

a) Wenn man einer Kugelfläche einen ihrer Kreise raubt, bleiben zwei disjunkte offene Scheiben nach, und der herausgenommene Kreis ist der Rand von jeder von ihnen.

b) Wenn man einer projektiven Ebene eine ihrer Geraden raubt, bleibt eine einzige offene Scheibe nach, und die Gerade ist nicht der Rand dieser Scheibe.

c) Die Fläche, die man erhält, wenn man zwei gegenüberliegende Seiten eines Rechtecks (ohne Drehung) verbindet, ist die Mantelfläche eines Zylinders (Abb. 221).

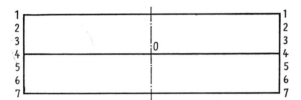

Abb. 221. Zylinder

Wenn man diesem Zylinder den Zyklus 4 0 4 raubt, bleiben zwei Teile des Zylinders nach. Der entfernte Kreis ist der Rand von beiden Teilen.

d) Man wiederhole die vorhergehenden Erfahrungen mit dem Möbius-Band.

Abb. 222. Möbius-Band

Was wird aus dem Möbius-Band, das durch Abb. 222 definiert ist, wenn man ihm seinen Zyklus 4 0 4 raubt? Praktisch führt man das Entfernen des Zyklus 4 0 4 aus, indem man mit Hilfe einer Schere entlang der Linie 4 0 4 schneidet. Man stellt experimentell fest, daß ein zweimal so langes Band übrigbleibt, das halb so breit, viermal gedreht und zweiseitig ist. Man hätte dieses Ergebnis teilweise voraussehen können auf Grund der Abb. 222. Nach dem Verschwinden des Zyklus 4 0 4 bleibt die in Abb. 223 definierte Fläche nach,

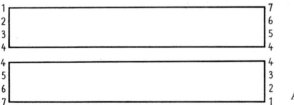

Abb. 223

bei der die beiden Stücke mit der Schnittkante nebeneinander liegen. Verbinden wir zunächst die beiden Abschnitte 1 2 3 4 miteinander.

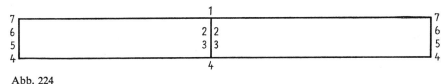
Abb. 224

Abb. 224 zeigt gut, daß wir eine Fläche erhalten, die topologisch einem Zylinder äquivalent ist. Der erhaltene „topologische Zylinder" ist zweimal gedreht. Man mache sich klar, warum dies so ist, indem man die Operation nach Abb. 223 mit Hilfe von Papierbändchen ausführe.

e) Als Übung versuchen wir jetzt vorauszusehen, was man erhält, wenn man das Möbius-Band parallel zu seinem Rand, aber diesmal in einem Drittel seiner Breite, zerschneidet (Abb. 225).

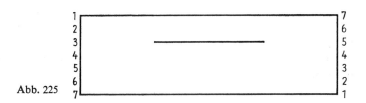
Abb. 225

Führen wir den Schnitt aus. Wenn man dann die Ränder entlang der ausgeführten Schnitte ausbreitet, erhält man das in Abb. 226 angegebene Ergebnis.

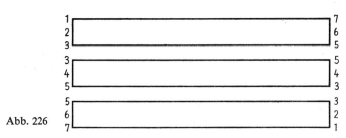
Abb. 226

Wenn man die Verbindungen 1 2 3 ausführt, erhält man:

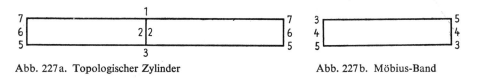

Abb. 227a. Topologischer Zylinder   Abb. 227b. Möbius-Band

Wenn wir zur praktischen Ausführung übergehen, erhalten wir einen topologischen Zylinder – es handelt sich um ein viermal gedrehtes Band –, der ein Möbius-Band umschlingt (Abb. 227).

9. Gewöhnliche Ebene und projektive Ebene, unendlich ferne Elemente

Im Vorhergehenden haben wir Analogien und eine Differenz zwischen der Struktur der gewöhnlichen Ebene und derjenigen der projektiven Ebene festgestellt. In der gewöhnlichen Ebene, wie auch in der projektiven Ebene, geht durch zwei beliebige verschiedene Punkte eine und nur eine Gerade hindurch. In der projektiven Ebene ist der Durchschnitt eines Paares von Geraden immer eine Menge, die einen einzigen Punkt enthält, während in der gewöhnlichen Ebene der Durchschnitt von zwei verschiedenen Geraden eine Menge ist, die höchstens ein Element enthält, die also auch leer sein kann. Der zweite Fall tritt ein, wenn die gegebenen Geraden parallel sind.

In der projektiven Ebene ist die Lage folgendermaßen:
Ein Paar von Punkten $\to$ eine Gerade
Ein Paar von Geraden $\to$ ein Punkt.

Wir sagen, daß man zwei *Verknüpfungen* hat: Paare von Punkten $\to$ Geraden und Paare von Geraden $\to$ Punkte. Beide Verknüpfungen sind überall definiert. In der gewöhnlichen Ebene hat man auch eine *überall definierte* Verknüpfung: Paare von Punkten $\to$ Geraden. Aber die Verknüpfung Paare von Geraden $\to$ Punkte ist *nicht überall definiert*.

In der Menge $\mathbb{N}_0 = \{0, 1, 2, 3, 4, 5, \ldots\}$ war die Addition eine für alle Paare von positiven ganzen Zahlen definierte Verknüpfung. Die Subtraktion war eine nicht überall definierte Verknüpfung. Man hat dieses „Unpassende" beseitigt, indem man neue Zahlen erfunden hat. Es gilt $\mathbb{N}_0 \subset \mathbb{Z}$, und in $\mathbb{Z}$ sind Addition und Subtraktion definiert für alle Paare von ganzen Zahlen.

Für die gewöhnliche Ebene wollen wir entsprechend vorgehen. Ist es nicht natürlich, eine gewöhnliche Ebene mit einer projektiven Ebene zu vergleichen? Zu diesem Zweck werden wir eine projektive Ebene, dargestellt als Geradenbündel, über eine gewöhnliche Ebene setzen, ähnlich wie die Sonne, die die unendliche Steppe erwärmt.

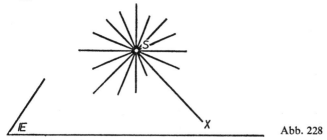

Abb. 228

Der Punkt X der gewöhnlichen Ebene, die wir mit $I\!E$ bezeichnen, definiert die Gerade SX, die zu dem Bündel mit dem Trägerpunkt S gehört. Diese Gerade SX heißt auch projektiver Punkt (der projektiven Ebene). Jeder Punkt der gewöhnlichen Ebene definiert einen Punkt der projektiven Ebene (s. Abb. 228)

$$X \to SX.$$

Wir bezeichnen die projektive Ebene mit $\overline{\pi}$. Man hat also oben eine Funktion definiert:

$$I\!E \to \overline{\pi}$$
$$X \to SX.$$

Wenn X und Y verschiedene Punkte von $I\!E$ sind, sind die projektiven Punkte SX und SY auch verschieden. Also

$$X \neq Y \Rightarrow SX \neq SY.$$

Wenn diese Eigenschaft erfüllt ist, sagt man, die Funktion $I\!E \to \overline{\pi}: X \to SX$ ist *injektiv*.

Es ist häufig bequem zu sagen, daß SX das Bild von X ist. Also besitzt jeder Punkt der gewöhnlichen Ebene $I\!E$ ein Bild in $\overline{\pi}$. Zwei verschiedene Punkte von $I\!E$ haben verschiedene Bilder in $\overline{\pi}$.

Betrachten wir nun eine Gerade g von $I\!E$. Wenn X, Y, Z drei Punkte von g sind, so gehören die Bilder SX, SY, SZ zu einer Geraden von $\overline{\pi}$. Wir sagen weiter, daß diese Gerade das Bild der gegebenen Geraden in der projektiven Ebene ist.

Es seien A und B zwei verschiedene Punkte von $I\!E$. Dieses Paar von Punkten definiert die Gerade AB der gewöhnlichen Ebene $I\!E$. Andererseits definieren die Bilder SA und SB (der Punkte A und B) in der projektiven Ebene $\overline{\pi}$ ihrerseits die $\overline{\pi}$-Gerade $SA \cdot SB$. Es ist leicht zu sehen, daß diese projektive Gerade das Bild der Geraden AB in der projektiven Ebene ist.

Wiederholen wir kurz die erhaltenen Ergebnisse. Man hat eine Injektion von $I\!E$ in $\overline{\pi}$ definiert, die ihrerseits eine Injektion der Menge der Geraden von $I\!E$ in die Mengen der Geraden von $\overline{\pi}$ definiert. Diese doppelte Injektion erhält die Verknüpfung, die sowohl in $I\!E$ als auch in $\overline{\pi}$ eine Gerade mit einem Paar von Punkten verbindet. Dieses Ergebnis wird durch das folgende Diagramm ausgedrückt.

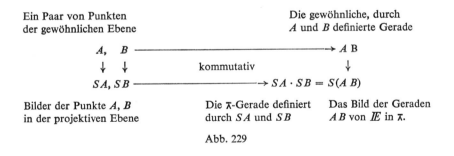

Ein Paar von Punkten der gewöhnlichen Ebene		Die gewöhnliche, durch A und B definierte Gerade
Bilder der Punkte A, B in der projektiven Ebene	Die $\overline{\pi}$-Gerade definiert durch SA und SB	Das Bild der Geraden AB von $I\!E$ in $\overline{\pi}$.

Abb. 229

Die wichtigste Tatsache des Diagrammes (Abb. 229) ist die Gleichung

$$SA \cdot SB = S(AB).$$

Man sagt, daß dieses Diagramm kommutativ ist: Geht man von dem Paar A, B aus und folgt der Linie $\to \downarrow$ oder der Linie $\downarrow \downarrow \to$, so kommt man zu demselben Ergebnis!

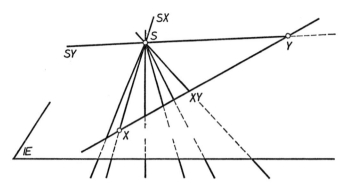

Abb. 230

Anstatt von einem Paar gewöhnlicher Punkte von $I\!E$ auszugehen, gehen wir von einem Paar sich schneidender Geraden x, y aus (Abb. 231).

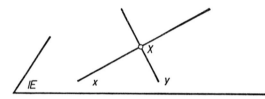

Abb. 231

Die Geraden der gewöhnlichen Ebene x, y haben als Bilder die projektiven Geraden Sx und Sy der projektiven Ebene. Jede der Geraden Sx, Sy ist ein Büschel, das enthalten ist in dem Bündel mit dem Trägerpunkt S. Das Büschel Sx umfaßt alle Geraden SX mit $X \in x$. Das Büschel Sy umfaßt alle Geraden SY mit $Y \in y$. Der Durchschnitt der beiden verschiedenen Büschel kann nur SD sein, d. h. das Bild des Schnittpunktes der beiden Geraden x, y. Man erhält ein neues kommutatives Diagramm (Abb. 232):

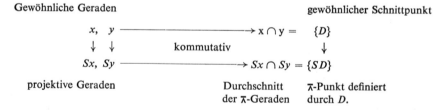

Abb. 232

Man faßt die in unseren beiden kommutativen Diagrammen gesammelten Ergebnisse zusammen, indem man sagt:
Die Injektionen
$$I\!E \to \overline{\pi}$$
und

Menge der Geraden von $I\!E \to$ Menge der Geraden von $\overline{\pi}$
erhalten die auf $I\!E$ definierte Struktur.

Man sagt kurz,

Die Injektion $E \to \overline{\pi}$ erhält die Struktur von E.

Bei dieser ganz bestimmten Injektion
erzeugt jeder Punkt von E einen projektiven Punkt,
erzeugt jede Gerade von E eine projektive Gerade.

Es ist also natürlich, sich zu fragen, ob

jeder Punkt von $\overline{\pi}$ auf diese Art erzeugt wird von einem Punkt von E.
jede Gerade von $\overline{\pi}$ auf diese Art erzeugt wird von einer Geraden von E.

Ein projektiver Punkt wird dann und nur dann nicht von einem Punkt der gewöhnlichen Ebene E erzeugt, wenn er eine Gerade des Bündels mit dem Trägerpunkt S bezeichnet, die E nicht durchstößt. Mit anderen Worten: Eine Gerade des Bündels mit dem Trägerpunkt S ist dann und nur dann ein $\overline{\pi}$-Punkt, der von keinem Punkt der gewöhnlichen Ebene E herrührt, wenn die Gerade zur gewöhnlichen Ebene parallel ist (Abb. 233).

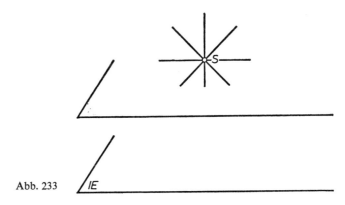

Abb. 233

Die Menge solcher Geraden ist das Büschel (die Gerade der Ebene $\overline{\pi}$), das definiert ist durch die Ebene E', die gestützt wird von S und die parallel zu E verläuft. Es ist augenscheinlich, daß es sich hier um die einzige Gerade der Ebene $\overline{\pi}$ handelt, die nicht von einer Geraden der Ebene E herrührt.

Zusammengefaßt:

Es gibt eine und nur eine Gerade von $\overline{\pi}$, die nicht von einer Geraden von E herrührt. Sie wird gebildet durch die Menge der Punkte von $\overline{\pi}$, die nicht von einem Punkt von E herkommen.

Da die Struktur der projektiven Ebene $\overline{\pi}$ angenehmer und einfacher ist als diejenige der Ebene E, werden wir die Struktur von E ausdehnen auf die von $\overline{\pi}$, indem wir die Punkte und Geraden von $I\!E$ mit ihren Bildern in $\overline{\pi}$ identifizieren. Es wird der Ebene hinzugefügt.

1. eine neue Gerade: die einzige Gerade von $\overline{\pi}$, die nicht von einer Geraden von $I\!E$ herkommt und die wir die unendlich ferne Gerade von $I\!E$ nennen werden.

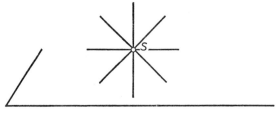

Einige der unendlich fernen Punkte der Ebene $I\!E$.
Das Büschel, das sie definiert, ist die unendlich ferne Gerade von $I\!E$.

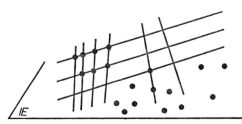

Einige gewöhnliche Punkte und Geraden der Ebene $I\!E$

Abb. 234

2. die Menge der Punkte der unendlich fernen Geraden. Die unendlich fernen Punkte sind die einzigen Punkte von $\overline{\pi}$, die nicht von Punkten von $I\!E$ herkommen.

Nach der Einführung der unendlich fernen Elemente ist die Lage folgendermaßen. Wenn man von einem gewöhnlichen Punkt X *spricht, denkt* man an den projektiven Punkt, den er definiert. Wenn man von einer gewöhnlichen Geraden *spricht, denkt* man an die projektive Gerade, die durch sie definiert wird. Man geht bei Begründungen von der projektiven Ebene aus. Dieses Vorgehen gestattet uns, zu unserer großen Bequemlichkeit unendlich ferne Punkte und die unendlich ferne Gerade zu benutzen, die nicht von gewöhnlichen Elementen erzeugt werden.

Wir werden jetzt einige einfache Begründungen ausführen, die den vorhergehenden Richtlinien folgen.

a) Es wird gefordert, die *Menge der Punkte einer Geraden g* zu beschreiben. g sei eine gewöhnliche Gerade der Ebene $I\!E$.

Man denkt sogleich an die projektive Gerade Sg, d. h. an das durch zwei Geraden SX, SY mit $X, Y \in g$ und $X \neq Y$ definierte Büschel. Dieses Büschel enthält die Parallele zu g, die durch S verläuft. Diese ist der unendlich ferne Punkt auf der Geraden g (Abb. 235).

b) Es wird gefordert, den *Durchschnitt von zwei verschiedenen parallelen Geraden $a \parallel b$ der Ebene $I\!E$* zu bestimmen.

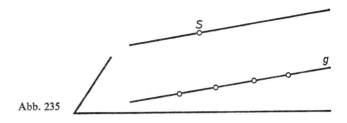

Abb. 235

Die beiden gewöhnlichen Geraden a, b definieren die beiden projektiven Geraden Sa und Sb. Jede dieser projektiven Geraden ist die Menge der Geraden, die S enthalten und die enthalten sind in einer gewissen Ebene. Diese Ebenen haben einen gemeinsamen Punkt S, und ihr Durchschnitt d ist eine Gerade, die S enthält. *Diese Gerade ist parallel zu $I\!E$:*

Beweis: Da $a = Sa \cap I\!E$ und $d \subset Sa$, wäre der eventuelle Durchstoßpunkt von d in $I\!E$ ein Punkt von a. Dies wäre also auch ein Punkt von b. Da aber $a \cap b = \emptyset$, muß gelten $d \cap I\!E = \emptyset$ und $d \parallel I\!E$ (Abb. 236).

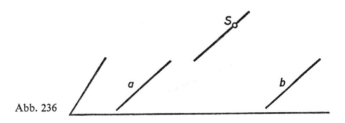

Abb. 236

Jede Gerade d des Bündels mit dem Träger S ist ein unendlich ferner Punkt von $I\!E$. Die Parallelen a und b schneiden sich dann in einem unendlich fernen Punkt.

c) *Jede Richtung der gewöhnlichen Ebene definiert einen unendlich fernen Punkt und umgekehrt.*

Das ist einleuchtend!

d) *Zwei verschiedene Punkte definieren stets eine Gerade.*

Wenn die beiden gegebenen Punkte gewöhnliche Punkte sind, gibt es keine Schwierigkeit. Die geforderte Gerade ist die durch diese Punkte definierte gewöhnliche Gerade. Wenn die beiden Punkte unendlich ferne Punkte sind, definieren sie die unendlich ferne Gerade. Wenn einer der Punkte ein gewöhnlicher Punkt A ist und der andere ein unendlich ferner Punkt b ist, setzt man für A den projektiven Punkt SA ein. Die projektiven Punkte SA und b definieren eine projektive Gerade oder ein Büschel, das von der gewöhnlichen Geraden g erzeugt wird. Die Gerade g ist die durch A zu b (im Raum) parallele Gerade.

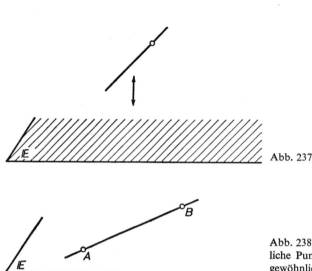

Abb. 237

Abb. 238. Zwei verschiedene gewöhnliche Punkte A und B definieren eine gewöhnliche Gerade

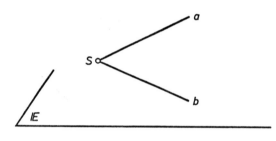

Abb. 239. Zwei unendlich ferne Punkte a und b definieren die unendlich ferne Gerade

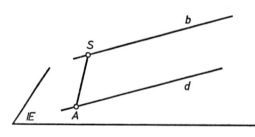

Abb. 240. Ein unendlich ferner Punkt b und ein gewöhnlicher Punkt A definieren eine gewöhnliche Gerade: die Gerade, die durch den gewöhnlichen Punkt A geht und zu der durch b definierten Richtung gehört

e) *Der Durchschnitt von zwei verschiedenen Geraden ist immer ein Punkt.*

Wenn die beiden Geraden gewöhnliche Geraden sind, die sich in der Ebene schneiden, ergibt sich kein Problem. Wenn die beiden gegebenen Geraden parallel sind, haben sie als Schnittpunkt den unendlich fernen Punkt der Richtung der beiden Geraden. Wenn eine der Geraden eine gewöhnliche ist und die andere unendlich fern, ist der Durchschnitt dieser Geraden der unendlich ferne Punkt der gewöhnlichen Geraden.

Abb. 241. Durchschnitt von zwei nicht parallelen gewöhnlichen Geraden x und y

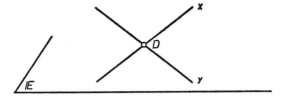

Abb. 242. Durchschnitt zweier paralleler gewöhnlicher Geraden a und b: der unendliche ferne Punkt x

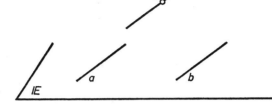

Abb. 243. Durchschnitt der gewöhnlichen Geraden a und der unendlich fernen Geraden: der unendlich ferne Punkt a' von a

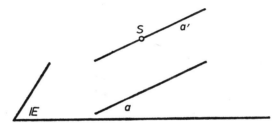

Verzeichnis der Symbole

Symbol	Seite*)	Symbol	Seite*)
$=$	2	$\leqslant$	29
$\neq$	2	$I\!N, \leqslant$	29
$\in$	2	$Z\!\!\!Z$	30
$\notin$	2	uCb	37
$\ni$	3	$\times$	37
$\not\ni$	3	R^{-1}	40
$\Leftrightarrow$	3	$\perp$	41
$\{\ \}$	4	$|^{-1}$	41
$\{x\}$	5	$<$	47
$\{a, b\}$	5	$r, \leqslant$	47
$\emptyset$	6	$[\ ]$	49
$\cap$	8	$]\ [$	49
$\subset$	8	$[\ [$	49
$\supset$	8	$]\ ]$	49
$\cup$	9	$\geqslant$	53
$\setminus$	9	$>$	53
$I\!E$	17	$I\!R \times I\!R$	54
G	17	$\to$	58
AB	19	$\leftarrow$	58
$\parallel$	21	$(a, b)^{-1}$	73
$\not\parallel$	21	S_p	77
richt	21	$\circ$	79
Γ	23	S_g	82
Δ	23	Pr	85
$[\ ]$	24	$I\!R \to I\!R$	93
$\mathfrak{P}M$	27	$f^{-1}(x)$	96
$\notin$	28	$\tilde{A}$	102
$\Rightarrow$	28	$\overline{\Lambda}$	115
$|$	29	$I\!E \to \overline{\Lambda}$	129
$\mathfrak{P}M, \subset I\!N$	29		

*) Es ist jeweils die Zahl der Seite angegeben, auf der das Symbol eingeführt wird.

Sachverzeichnis

Abbildung 43 ff., 92 ff., 99
— einer Menge auf sich 94
— einer Menge in sich 92 f.
—, Verknüpfung von 92 f.
abgeschlossen 23, 29, 47, 48
Addition 29 f.
Algebra der Teilmengen einer Menge 27 ff.
Anordnung 29
antipodisch 116
antisymmetrisch 41
äquivalent 3, 4
Äquivalenzrelation 40, 87 ff., 110 f.
Arithmetik 16
assoziativ 29 f.
Assoziativgesetz s. assoziativ
Assoziativität s. assoziativ
Asymmetrie s. asymmetrisch
asymmetrisch 29, 88, 89

Bernstein, Satz von 104 ff.
Bezugsachsen 58
Bifunktion 44, 63
Bijektion 44 f., 63, 100, 102, 104
Bild 59, 73
Bündel s. Geradebündel
Büschel s. Geradebüschel

definiert, fast 46
definiert, überall 29, 32
Definition
— durch Aufzählung 4
— durch Beschreibung 4
— durch eine charakteristische Eigenschaft 4
Denken und Mengenlehre 16
Dezimalbruch 51 f.
Dezimalfolge 51 f.
Diagramm 6 ff.
Differenz s. Differenzmenge
Differenzmenge 8, 9, 30, 32
disjunkt 8, 33
distributiv 29 f.
distributiv, fast 33
Distributivität s. distributiv
Drehung 66
Durchmesser 24
Durchschnitt 6, 7, 8, 10, 15, 25

Ebene 16 ff.
—, projektive 110, 115 f., 121, 124 ff.
— und Gerade 17 ff., 110
— und Punkte 17 ff., 111
Eigenschaft
—, charakteristische 4
— der Teilmengenbeziehung 28
— von Relationen 28 ff.
Element 3, 4, 9
—, antineutrales 31
—, neutrales 30 f.
elementfremd 8, 33

Familie von Mengen 25 f.
fast definiert 46
fast distributiv 33
Figuren 16
Fixgerade 60
Fixpunkt 93
Fläche, einseitige 124
Funktion 43 ff., 63, 99
—, Beispiele 45 f.
—, Verknüpfung von 92, 103
—, Wert einer 45

Galilei, Paradoxon von 105 f.
Geometrie
—, analytische 54 ff.
—, ebene 16 ff.
Geraden 18, 46
—, Durchschnitt von 19 ff.
—, parallele 21
—, projektive 120 ff.
—, sich schneidende 21
Geradenbündel 111 f.
Geradenbüschel 112 f., 118
Geradengleichung 68 ff.
Gleichheit 3
— von Mengen 4
Graphen 73 ff.
Großkreis 117

Halbgeraden
—, abgeschlossene 47 f.
—, offene 47 f.
halboffen 48 f.
Halbrichtung 117
Hierachie 89

idempotent 31
Identifikation 122, 132 ff.
identitiv 29, 41
Identität s. identitiv
Injektion 100, 101, 104
Intervall
—, abgeschlossenes 48 f.
—, halboffenes 48 f.
—, offenes 48 f.

Kardinalzahl 102
Kettenfunktion 103
Klasseneinteilung 12 ff., 15, 22 f., 26, 87 ff., 111
kommutativ 29
Kommutativgesetz s. kommutativ
Kommutativität s. kommutativ
Koordinaten 54
Koordinatenachsen 58
Kreis 23 f.
Kreisscheibe
—, abgeschlossene 23
—, offene 23
Kugel 116

Kugelfläche 116
Maximum 29
Menge 1ff., 9
— der Teilmengen 27ff.
—, leere 6, 10
— mit einem Element 5, 9
— von Punkten 17
—, unendliche 19
Mengenlehre und Denken 16
Minimum 29
Möbius-Band 123ff.
Multiplikation 29f.

Negation 41

offen 23, 47
ohne 9
Ordnung 29, 41, 89, 90
—, strenge 90
—, totale 91
—, vollständige 91
Ordnungsrelation s. Ordnung

Paar 37, 73
—, antipodische 116
—, reziprokes 73
Paarmenge 5, 9
Parallele 21ff.
—, Eigenschaften von 22
Permutation 94
— einer endlichen Menge 95
Pfeile 62, 73
Phantasiemenge 4
pi 49, 53
Potenzmenge s. Menge der Teilmengen
Produkt
— von Mengen 37ff., 64
— von Relationen 79
— von Spiegelungen 64f.
Produktmenge s. Produkt von Mengen

Quadrat s. Zusammensetzungsquadrat

Radius 116
Raum, projektiver 119ff.
reell 46ff.
reflexiv 22, 28, 82f.
Reflexivität s. reflexiv
Relation 36ff.
—, Beispiele 40, 41, 42, 56, 70, 74, 75, 77, 78, 80, 81
—, Eigenschaften 82ff.
—, Graph 73ff.

Relation in einer Menge 40
—, Kennzeichnung 33f.
—, Mengenoperationen mit 78f.
—, reziproke 40, 44, 81
—, Verknüpfung von 79f.
—, Zusammensetzung von 79f.
Restmenge 9
richt 21ff.
Richtung 22f.
Ring 73

senkrecht 67
Spiegelung
— an der ersten Symmetralen 58f.
— an der x-Achse 59f.
—, Produkt von 62, 64
—, Zusammensetzung von 62, 64
Surjektion 100, 101, 104
Symmetrie s. symmetrisch
symmetrisch 22, 83f.

Teiler 29
Teilmenge 8, 10, 17, 27ff.
—, echte 27
—, leere 27
—, unechte 27
Term 2, 9
Topologie 16, 119ff.
transitiv 22, 28, 84f.
Transitivität s. transitiv

überall definiert 29, 32, 128
Unterteilung, dezimale 50
Urbild 59

Vereinigung s. Vereinigungsmenge
Vereinigungsmenge 9, 10, 15, 26, 75
Verknüpfung 29, 79, 92, 103, 128

Wert einer Funktion 45
Winkelhalbierende 59

Zahl
—, ganze 49
—, natürliche 29
—, reelle 46ff.
Zahlenpaar 55f.
Zentrale 116
Zugehörigkeit 2f.
Zusammensetzung 62, 79, 103
Zusammensetzungsquadrat 79
Zyklus 94, 97, 115, 121
Zylinder 126